UM SURDO ENTRE DUAS LÍNGUAS

Editora Appris Ltda.
1.ª Edição - Copyright© 2024 da autora
Direitos de Edição Reservados à Editora Appris Ltda.

Nenhuma parte desta obra poderá ser utilizada indevidamente, sem estar de acordo com a Lei nº 9.610/98. Se incorreções forem encontradas, serão de exclusiva responsabilidade de seus organizadores. Foi realizado o Depósito Legal na Fundação Biblioteca Nacional, de acordo com as Leis n°s 10.994, de 14/12/2004, e 12.192, de 14/01/2010.

Catalogação na Fonte
Elaborado por: Josefina A. S. Guedes
Bibliotecária CRB 9/870

C794s
2024
	Cordeiro, Suammy Priscila Rodrigues
	    Um surdo entre duas línguas / Suammy Priscila Rodrigues Leite Cordeiro. – 1. ed. – Curitiba: Appris, 2024.
	    141 p. ; 23 cm. – (Educação, tecnologias e transdisciplinaridade).
	
	    Inclui referências.
	    ISBN 978-65-250-5482-7
	
	    1. Aquisição de linguagem. 2. Surdez. 3. Afeto (Psicologia). 4. Família. I. Título. II. Série.
	
	                                                                          CDD – 402.93

Livro de acordo com a normalização técnica da ABNT

Appris
editora

Editora e Livraria Appris Ltda.
Av. Manoel Ribas, 2265 – Mercês
'ritiba/PR – CEP: 80810-002
'41) 3156 - 4731
editoraappris.com.br

Brazil
Brasil

Suammy Priscila Rodrigues Leite Cordeiro

UM SURDO ENTRE DUAS LÍNGUAS

FICHA TÉCNICA

EDITORIAL	Augusto V. de A. Coelho
	Sara C. de Andrade Coelho
COMITÊ EDITORIAL	Marli Caetano
	Andréa Barbosa Gouveia - UFPR
	Edmeire C. Pereira - UFPR
	Iraneide da Silva - UFC
	Jacques de Lima Ferreira - UP
SUPERVISOR DA PRODUÇÃO	Renata Cristina Lopes Miccelli
PRODUÇÃO EDITORIAL	Daniela Nazario
REVISÃO	Cristiana Leal
DIAGRAMAÇÃO	Renata Cristina Lopes Miccelli
CAPA	Carlos Pereira

COMITÊ CIENTÍFICO DA COLEÇÃO EDUCAÇÃO, TECNOLOGIAS E TRANSDISCIPLINARIDADE

DIREÇÃO CIENTÍFICA Dr.ª Marilda A. Behrens (PUCPR) — Dr.ª Patrícia L. Torres (PUCPR)

CONSULTORES

- Dr.ª Ademilde Silveira Sartori (Udesc)
- Dr. Ángel H. Facundo (Univ. Externado de Colômbia)
- Dr.ª Ariana Maria de Almeida Matos Cosme (Universidade do Porto/Portugal)
- Dr. Artieres Estevão Romeiro (Universidade Técnica Particular de Loja-Equador)
- Dr. Bento Duarte da Silva (Universidade do Minho/Portugal)
- Dr. Claudio Rama (Univ. de la Empresa-Uruguai)
- Dr.ª Cristiane de Oliveira Busato Smith (Arizona State University /EUA)
- Dr.ª Dulce Márcia Cruz (Ufsc)
- Dr.ª Edméa Santos (Uerj)
- Dr.ª Eliane Schlemmer (Unisinos)
- Dr.ª Ercilia Maria Angeli Teixeira de Paula (UEM)
- Dr.ª Evelise Maria Labatut Portilho (PUCPR)
- Dr.ª Evelyn de Almeida Orlando (PUCPR)
- Dr. Francisco Antonio Pereira Fialho (Ufsc)
- Dr.ª Fabiane Oliveira (PUCPR)
- Dr.ª Iara Cordeiro de Melo Franco (PUC Minas)
- Dr. João Augusto Mattar Neto (PUC-SP)
- Dr. José Manuel Moran Costas (Universidade Anhembi Morumbi)
- Dr.ª Lúcia Amante (Univ. Aberta-Portugal)
- Dr.ª Lucia Maria Martins Giraffa (PUCRS)
- Dr. Marco Antonio da Silva (Uerj)
- Dr.ª Maria Altina da Silva Ramos (Universidade do Minho-Portugal)
- Dr.ª Maria Joana Mader Joaquim (HC-UFPR)
- Dr. Reginaldo Rodrigues da Costa (PUCPR)
- Dr. Ricardo Antunes de Sá (UFPR)
- Dr.ª Romilda Teodora Ens (PUCPR)
- Dr. Rui Trindade (Univ. do Porto-Portugal)
- Dr.ª Sonia Ana Charchut Leszczynski (UTFPR)
- Dr.ª Vani Moreira Kenski (USP)

Aos surdos incansáveis!

Aos bravos corações que desafiam as barreiras do silêncio, dedicamos estas palavras como uma homenagem ao seu empenho em se superar a cada dia em uma sociedade majoritariamente ouvinte. Vocês são verdadeiros exemplos de força, resiliência e determinação.

Nas páginas deste livro, desejamos que encontrem esperança e força para continuar a luta por inclusão, por comunicação sem barreiras, por educação de qualidade. Sabemos que a estrada pode ser desafiadora, mas acreditamos no poder da união e na capacidade de transcender obstáculos.

Que esta obra seja um refúgio seguro em que possam se conectar com narrativas que refletem suas jornadas, inspirando-os a continuar trilhando caminhos de conquistas, sem limites impostos por outros.

Nós celebramos seus esforços em enfrentar as adversidades e em tornar a sociedade mais inclusiva, educando, conscientizando e inspirando os outros com sua incrível determinação. Que o mundo possa ouvir e aprender com sua rica cultura e singularidade, valorizando o que vocês têm a oferecer.

Aos surdos incansáveis, nossa admiração por seguirem insistindo.

AGRADECIMENTOS

Eu nada sei! Essa foi a grande descoberta nesta longa jornada. Porém, descobri também que nunca estou sozinha, que sempre tem alguém que sabe por perto, e que não dá para saber nada sozinho! Aprendi! E anseio por agradecer a todos aqueles que souberam comigo.

Comecei por aprender com o processo. Aprendi muito ao ser avaliada, ao ser valorizada, ao ser acreditada. Aprendi com cada colega, com cada professor, com cada sujeito que se dirigiu a mim, mesmo que por meio de um olhar nos corredores frios da universidade.

Não é de hoje que pessoas dividem seus saberes. Estou aqui porque por perto sempre existiram pessoas que souberam dividir e me ensinaram a multiplicar. Seus nomes borbulham em minha mente, desde aqueles que me ensinaram o a-b-c, até aqueles que me ensinaram a amar os livros. Carrego um pouco de cada um dos meus professores em minha identidade, em minhas conquistas. Sou eternamente grata!

Aprendi a aprender com os erros e com os acertos. Aprendi com você, meu marido, Alex Cordeiro, que as coisas não são sempre do jeito que queremos, mas que precisamos amá-las do jeito que são. E eu te amo, mais do que o amor é capaz de amar.

Meu amor pelo ensinar e pelo aprender começou em casa, com minhas duas mães e professoras, Tia Nega e Mainha. Minha família... sempre acreditaram, sempre apoiaram, sempre ensinaram a fazer todas as coisas com amor. Estão longe, mas sempre perto, no coração, na mente e nas minhas atitudes, que refletem seus ensinamentos. Ensinaram-me a ser grata. Vocês são meu porto. Obrigada pela presença, sempre!

Aprendi a ser grata e, por isso, quero agradecer a alguém que despertou em mim um saber nunca antes conhecido. Um grande saber de vida e um imenso saber dos livros. Agradeço ao Prof. Dr. Sérgio Flores. Ao ouvi-lo tantas vezes, descobri que existem inúmeros saberes a serem descobertos, muitos que talvez nunca sejam compartilhados. Obrigada, mestre! Meu respeito e minha admiração por você serão eternos.

Agradeço, infinita, profunda e verdadeiramente, à minha carinhosa e compreensiva orientadora, Prof.ª Dr.ª Cláudia Paes de Barros. Sem palavras! Socorreu, acolheu, acreditou. Pegou em minha mão e disse: "nós vamos conseguir juntas! Você é capaz!". Aprendi com você que acreditar é algo simples que traz consequências devastadoras e que o tempo… o que é o tempo? Mesmo com tão pouco tempo, somos capazes de aprender! Aprendi muito com você! Das teorias e dos sentimentos!

Prof.ª Dr.ª Maria Rosa Petroni, onde estava até agora? Por que só foi me permitido descobrir você agora? Já me falaram desse abraço e dessa risada, mas eu não sabia que eram tão especiais. Espero, de agora em diante, ter muitos motivos para tomarmos sorvete juntas. Obrigada por ter aceitado nosso convite e, acima de tudo, por ter me acolhido, pois é assim que me sinto, acolhida e acarinhada por você.

Meus colegas… são momentos tão rápidos juntos, nessa viagem solitária, mas em cada estação, estava lá, um de vocês dizendo: "Vamos?!". Seus nomes ficarão gravados aqui e no meu coração: SIQUEIRA (Renatinha, seu sorriso no olhar e suas doces palavras são combustíveis poderosos), SOUZA (Diego, camaradinha, suas palavras de amor e de sabedoria nos incentiva a crer), OLIVEIRA (Paulo, sua biblioteca e sua ousadia nos impulsionam), FALBORT (Isa, sua inocência em risos nos traz alívio) e OUTROS (cada um deixou em mim um pouquinho de si). Vocês foram meus presentes e serão o futuro para muitos que terão suas vozes, infindáveis.

Meus amigos… Àqueles que se preocupam; àqueles que sentem minha falta e ligam para saber se ainda tenho vida e em que caverna estou escondida; àqueles que se oferecem para ajudar; àqueles que se oferecem para me ouvir chorar ou para me fazerem rir; àqueles que oram em qualquer parte do mundo…, sim, pois, em muitas delas, eles estão orando, ligando, se preocupando, me ajudando, me fazendo rir e me consolando. Uns cresceram comigo, outros escolhi por afinidade quando já adulta, uns que são irmãos por opção; a todos que me compreenderam e não se afastaram. Amo cada um que venceu comigo hoje!

A Deus! Sem Ti, meu Senhor e meu Salvador, nada disso seria possível. Cuidou de todos os detalhes, desde a eternidade. Sem ti, meu Pai, eu nada sou. Em Ti, por Ti e para Ti, são TODAS as coisas. Render-Te-ei graças e louvores, todos os dias da minha vida! "Sem Ti, nada posso fazer!" (João 15:5).

APRESENTAÇÃO

Preparado para embarcar em uma emocionante jornada pela aquisição linguística de um surdo em uma família ouvinte? *Um surdo entre duas línguas* é um mergulho profundo na riqueza e nos desafios enfrentados por aqueles que trilham caminhos singulares de comunicação.

Nesta obra poderosamente envolvente, testemunhe a luta e as conquistas de um protagonista excepcional, que nasceu em um mundo sonoro, mas teve que desbravar o terreno das línguas viso-gestuais. Explore as intricadas nuances da língua portuguesa, da fascinante Língua Brasileira de Sinais (Libras) e desvende os segredos da comunicação visual e oral em uma dança única e apaixonante.

Ao folhear cada página, você será transportado para o íntimo universo desse surdo determinado, que enfrenta barreiras linguísticas com coragem e resiliência. Descubra como a identidade e o senso de pertencimento emergem dessa jornada, bem como a importância de valorizar a cultura surda como uma força inestimável na construção de uma identidade.

Com uma narrativa pulsante e cativante, *Um surdo entre duas línguas* o convida a refletir sobre inclusão, diferença e o poder transformador da afetividade para a interação. Esteja preparado para uma leitura inspiradora e reveladora, na qual será convidado a enxergar além das palavras e abraçar a riqueza do mundo dos sinais.

Este livro é um chamado para a abertura de corações e mentes, bem como uma celebração do poder da língua como um veículo de conexão profunda e compreensão mútua. Embarque nessa jornada inesquecível e descubra como um surdo entre duas línguas pode inspirar a todos nós a promover uma sociedade mais inclusiva e mais acessível.

SUMÁRIO

INTRODUÇÃO 13

O COMEÇO DE TUDO 17

CAPÍTULO 1
QUEM É O SUJEITO SURDO NA HISTÓRIA? 21
1.1 O SURDO ANTES DE CRISTO 21
1.2 O SURDO NA IDADE MÉDIA (SEC. V A XV) 22
1.3 O SURDO NA IDADE MODERNA (SÉC. XV A XVIII) 22
1.4 O MARCO DA CONTEMPORANEIDADE – CHARLES MICHEL DE L'ÉPÉE...24
1.5 OS MÉTODOS DE ENSINO DO SURDO 25
1.6 O SURDO NA SOCIEDADE BRASILEIRA 29
    1.6.1 Os direitos das pessoas com deficiência nas leis brasileiras 30

CAPÍTULO 2
INTERAÇÃO E DESENVOLVIMENTO DA LINGUAGEM 37
2.1 A IMPORTÂNCIA DA LÍNGUA DE SINAIS PARA O SURDO 38
2.2 A AQUISIÇÃO DA LINGUAGEM 39

CAPÍTULO 3
METODOLOGIA DA PESQUISA 63
3.1 O SUJEITO DA PESQUISA 66
3.2 AS NARRATIVAS, CAMINHO DA PESQUISA 72
3.3 A REALIZAÇÃO DA PESQUISA 77

CAPÍTULO 4
ANÁLISE E DISCUSSÃO DE DADOS 81
4.1 QUANDO A SURDEZ É DIAGNOSTICADA 82
4.2 O CONTEXTO SOCIAL E A CRIANÇA SURDA 89
4.3 A EDUCAÇÃO BILÍNGUE 99
4.4 A INTERAÇÃO COMO FORMA DE APRENDIZAGEM 113
4.5 A AFETIVIDADE NO PROCESSO ENSINO-APRENDIZAGEM 116

CONCLUSÃO 125

REFERÊNCIAS 131

INTRODUÇÃO

> *O processo de ensino-aprendizagem inclui sempre aquele que aprende, aquele que ensina e a relação entre essas pessoas.*
>
> (Lev Semiónovich Vygotsky)

No momento em que escrevemos este trabalho, na segunda década do século XXI, muitas são as pesquisas que investigam a surdez. Tais investigações tratam principalmente de inclusão, identidade, ensino-aprendizagem de língua portuguesa, reversões para a deficiência, como implante coclear, avanços das tecnologias utilizadas nas próteses, entre outros temas.

Nesse contexto, nossa pesquisa discute o papel da afetividade e das interações na aprendizagem e no desenvolvimento de um sujeito surdo e sua aquisição linguística em uma família ouvinte.

Dessa forma, o presente estudo desenvolveu-se a partir da nossa experiência profissional e se fundamenta, principalmente, na teoria sócio-histórico-cultural de Vygotsky (1930, 1989, 1997, 2000), discutindo conceitos como linguagem e pensamento, interação, afetividade, compensação, relações sociais e desenvolvimento linguístico, em particular da criança surda, nos quais encontramos elementos norteadores para inscrever a temática deste estudo. Autores, como Lima (2006), Sacks (2010) e Villar e Junior (2008), entre outros, também nos auxiliam a promover reflexões sobre as questões específicas dos surdos, como aspectos biológicos da surdez, aquisição linguística do surdo e aprendizagem de língua portuguesa.

Nesta pesquisa, entre tantos caminhos, argumentamos a favor do bilinguismo desde o nascimento, bem como da importância da afetividade e das condições oferecidas pela família para que a aprendizagem e o desenvolvimento possam superar as dificuldades enfrentadas na educação dos surdos. A intenção é que esses possam se desenvolver com qualidade de vida e alcançar inserção na sociedade, utilizando-se das duas línguas: Língua de Sinais (LS[1]) e língua oral do país, no caso do Brasil, respectivamente Língua Brasileira de Sinais (Libras) e língua portuguesa.

Os dados apresentados neste estudo foram coletados a partir de narrativas escritas e entrevistas. Nosso objetivo geral é traçar o caminho de uma

---

[1] Neste trabalho utilizaremos a sigla LS para referenciar "Língua de Sinais".

criança que nasce surda num lar de ouvintes, relatando, a partir do que nos conta a mãe, como se deu seu desenvolvimento nas duas línguas. Para atingir esse objetivo mais geral, traçamos dois objetivos de pesquisa:

1. Averiguar e discutir como as interações influenciam o aprendizado e o desenvolvimento de um sujeito surdo;

2. Investigar a influência da afetividade para o desenvolvimento da criança surda.

Esses objetivos buscaram responder às seguintes perguntas de pesquisa:

1. De que forma as interações influenciam o aprendizado e o desenvolvimento de um sujeito surdo?

2. A afetividade nas relações familiares da criança surda pode influenciar seu desenvolvimento?

Pautamo-nos na perspectiva qualitativa das pesquisas em ciências humanas por se tratar de um estudo de caso, já que nos interessamos pela história de um sujeito surdo que apresenta características diferenciadas quanto ao seu desempenho linguístico em língua portuguesa em relação a outros surdos.

O trabalho está organizado em cinco capítulos. No primeiro, traçamos um caminho histórico da educação dos surdos no Brasil e no mundo. Também procuramos demonstrar como o sujeito surdo está envolvido com as lutas políticas que mobilizam as pessoas da sua condição e apresenta características identitárias marcadas por uma experiência quase inteiramente visual que determina sua conduta e seus modos de interação.

Ao constituírem uma minoria numérica de sujeitos, num espaço sociocultural em que a ferramenta de interação para todas as situações é a linguagem verbal, sujeitos surdos sentem-se deslocados da "normalidade social" e se comportam manifestando resistência à língua que não conseguem utilizar naturalmente. Isso ocorre tanto na convivência social como no contexto escolar.

No segundo capítulo, discutimos alguns dados da teoria de aprendizagem vygotskyana e discorremos sobre a importância da afetividade nas relações sociais e no desenvolvimento do sujeito com deficiência. Trazemos ainda uma importante contribuição do autor sobre a questão dos sujeitos com deficiência.

No terceiro capítulo, apresentamos a metodologia de pesquisa, caracterizando os sujeitos e os métodos de coleta e análise.

No quarto, apresentamos os dados referentes às narrativas e refletimos sobre eles, à luz das teorias estudadas, e na conclusão respondemos às perguntas da pesquisa.

O COMEÇO DE TUDO

O ano era 1994, e o mundo começaria a falar em educação inclusiva, por conta de uma reunião internacional importante que acontecera na Espanha, a Conferência Mundial sobre educação especial. Tal reunião resultaria na Declaração de Salamanca, um documento apresentando novas diretrizes para a educação especial, sob a perspectiva da educação inclusiva, que se tornou muito importante, até os dias atuais.

Em fevereiro de 1995, em uma família simples, nasceu Caio[2], o primeiro filho. Sua mãe tinha apenas 19 anos e estava estudando no ensino médio; seu pai, com 20 anos, tinha acabado seus estudos e estava começando a trabalhar. Caio chegou para a alegria de toda a família, que o recebeu com todo carinho que puderam dar.

Aproximadamente um ano e meio após seu nascimento, sua mãe começou a desconfiar de que algo não estava bem, pois Caio era muito silencioso e não se incomodava com barulhos. Ela teve certeza de que algo estava errado quando, ao brincar com o filho no berço, deixou cair um brinquedo barulhento, presente da avó paterna, e Caio não demonstrou nenhuma reação com o barulho. Quando o marido chegou do trabalho, ela correu para lhe contar o que havia ocorrido e lhe disse com toda certeza: nosso filho é surdo!

A mãe de Caio o levou ao médico, e foram conduzidas várias pesquisas até que, depois de meses de investigações, testes, exames, passagens por diversos profissionais e equipes médicas, um deles afirmou: "Caio é surdo! Ele nunca ouviu! Nasceu surdo e será assim por toda sua vida! Ele não vai aprender a falar, nem vai conseguir aprender. Logo, não seguirá seus estudos e não terá vida plena em sociedade".

Que notícia difícil! Quanta informação chocante! O que fazer agora? Não sabiam. Não conheciam nada sobre o assunto, nunca tinham conhecido uma pessoa surda ou uma família que tivesse um surdo. Será que o filho não ia mesmo aprender nada na vida? Veio o luto...

A mãe conta que, enquanto esperava ansiosamente pelo nascimento do filho, seu coração se enchia de emoção. A cada movimento na barriga, uma conexão profunda era estabelecida, e crescia a expectativa do que o

---

[2] Pseudônimo.

futuro lhes reservava. Descobrir que o filho era surdo não diminuiu em nada o amor e a ligação deles. Ela sabia que cada pessoa é um presente precioso, que traz consigo uma beleza singular, e que a surdez era apenas uma parte de quem Caio era. Ela tinha certeza de que desenvolveria em seu filho um espírito forte e resiliente, mesmo diante dos desafios ao longo do caminho. Sua família estaria unida para enfrentá-los juntos.

Naquele dia, naquela ocasião, a mãe de Caio sabia que, assim como aqueles médicos, a sociedade também poderia impor limitações e expectativas, mas ela jamais o limitaria e jamais inibiria o desenvolvimento do seu potencial, pois sabia que Caio seria capaz de alcançar qualquer coisa que desejasse.

Tantas coisas passaram em sua mente, sobre como seu mundo seria diferente do que ela conhecia, pautado em vibrações, expressões visuais e formas únicas de se comunicar, mas que ele encontraria maneiras extraordinárias de compartilhar sua voz com o mundo. Ela estava determinada a aprender sobre ele, sobre a surdez, sobre as possibilidades de comunicação. Uma disposição imensa brotou em seu peito para crescer ao lado do filho, juntos.

Naquele mesmo dia, ela prometeu que nunca deixaria a surdez limitar ou reprimir Caio, que o ajudaria a moldar a pessoa incrível que com certeza ele seria, pois, tão pequeno, e seu sorriso já iluminava aqueles dias de incertezas e medos, que se mantiveram fortes duraram algumas semanas. Porém, algo não saía de sua mente: nada daquilo que os médicos falaram seria verdadeiro, pois ela mesmo garantiria o melhor desenvolvimento possível ao seu filho.

Toda a família estava unida, mas pairavam incertezas sobre o que deveriam fazer, como deveriam lidar com Caio, como se comunicariam, se adiantava continuar oralizando, como ele aprenderia a falar, como expressaria suas vontades, suas necessidades, seus sentimentos. Então, algo inesperado aconteceu: uma noite, durante uma conversa, uma vizinha da família disse conhecer uma escola que atendia alunos surdos; no outro dia cedinho, a mãe de Caio, que nem dormira, arrumou seu filho, agora com 2 anos, e foi conhecer a escola. Chegou antes mesmo da instituição abrir.

Esperando com Caio no colo, vendo as crianças chegarem, entrarem na escola e despedirem-se dos seus pais, ficou estagnada de ver tantos surdos, como seu filho, conversando, por meio de gestos, com os pais e imaginando o que poderiam estar falando, como se entendiam. Havia, afinal, um modo de comunicação eficaz com seu filho.

Por outro lado, algo a assustou: também havia ali crianças ouvintes. Eles estudavam juntas, surdos e ouvintes. Que descoberta! Ao mesmo tempo que via as crianças ouvintes oralizarem com seus familiares, via crianças surdos acenarem e, certamente, dizer o mesmo que os ouvintes diziam, mas sem ela compreender o que seria. O mais espantoso foi ver as crianças, surdas e ouvintes, se encontrarem e interagirem espontaneamente, movendo as mãos, com expressões faciais, tão pequenas.

Até que viu chegar uma mulher adulta com vários livros nas mãos, dizendo "Bom dia" a todos e fazendo gestos, e imaginou ser uma professora ou alguém da diretoria. Aproximou-se e a cumprimentou dizendo seu nome: "Bom dia! Meu filho é surdo e soubemos que nessa escola tem outras crianças como ele". Professora Sofia era a coordenadora da escola, a convidou para entrar e lhe explicou:

"Sim! Esta é uma escola com classes especiais para crianças surdas, com professores bilíngues que lhes ensinam na sua primeira língua, a Libras. Ainda não é uma língua reconhecida, mas é a língua dos surdos brasileiros, e, por meio dela, eles conseguem compreender qualquer assunto".

A professora seguiu explicando como funciona a educação dos surdos em escolas com integração.

A mãe de Caio ficou perplexa com tanta informação, em conhecer todo aquele universo que ela não fazia ideia que existia, além de descobrir que não estava sozinha, que seu filho não era a única criança surda no mundo. Rapidamente perguntou à professora se poderia matricular o filho. A docente informou que Caio só poderia estudar lá depois dos 7 anos, conforme a Lei de Diretrizes e Bases (LDB) do Brasil. Porém, a mãe insistiu: "e se eu vier todos os dias com meu filho para cá, e eu mesma cuidar dele, e aprender Libras com os professores e com as crianças para ensinar ao meu filho e interagir com ele?". Professora Sofia aceitou a proposta, e, no dia seguinte, o pequeno Caio começou a frequentar a escola com sua mãe, todas as manhãs, com apenas 2 anos.

Ao ver o desenvolvimento do filho na interação com outras crianças e tão instantaneamente fazer seus primeiros sinais, a mãe de Caio lembrou o que o médico havia falado e lhe ocorreu perguntar à professora Sofia se ela conhecia surdos adultos que terminaram o ensino médio, que foram para a faculdade. A resposta foi positiva, e a docente ainda afirmou que havia um surdo voluntário que dava aula de Libras para as crianças naquela escola. Que alívio! Caio poderia crescer e se desenvolver como qualquer outra criança.

Nessa escola, Caio conviveu com outras crianças surdas e logo aprendeu a dizer: água, papel, sentar, comer, xixi, as cores, as letras, os números e tantos outros sinais em Libras. Sua evolução foi impressionante. Mas não foi só ele! Sua mãe também aprendeu muitos sinais e ensinou ao marido e aos familiares próximos. Agora, a família podia se comunicar com Caio, por meio da Libras.

Hoje, quase 30 anos após tornar-se pública a Declaração de Salamanca, conhecemos a importância não só da escola inclusiva, mas também do empenho e da dedicação da família de um surdo em apoiá-lo em seu desenvolvimento, bem como em aprender a usar Libras para a interação com ele.

Ainda há muito desta história a conhecer...

CAPÍTULO 1

O saber que não vem da experiência não é realmente saber.

(Lev Semiónovich Vygotsky)

QUEM É O SUJEITO SURDO NA HISTÓRIA?

História é algo que se conta, que se constrói dia a dia. Algumas são benditas, outras execradas. Além de ser importante, por si só, entender a história, é fundamental para compreender o que acontece no presente. A história do sujeito surdo não foge à regra, vem sendo contada e construída com o passar do tempo, todos os dias, com os mais diversos episódios... de lutas, perdas e conquistas.

Alguns discursos, ao longo da história, nos permitem traçar o percurso, principalmente educacional, desses sujeitos.

1.1 O SURDO ANTES DE CRISTO

Nas mais diversas sociedades, os surdos eram considerados amaldiçoados, seres não racionais. A história nos conta que eram jogados em abismos (Esparta), deixados nas praças públicas ou arenas à míngua (Atenas), atirados em rios (Roma), exterminados, abandonados, oferecidos aos deuses, conforme a cultura de cada povo (VELOSO; MAIA FILHO, 2009). Essas práticas foram disseminadas pelas ideias do filósofo Aristóteles (*apud* GUARINELLO, 2007), o qual afirmava que, sem expressão oral e sem o funcionamento do canal auditivo, não haveria aprendizado, já que o autor considerava a fala o canal de expressão do conhecimento e de inteligência. Consequentemente, para esse filósofo e para as sociedades romanas e gregas — povos que contribuíram significativamente para o desenvolvimento de diversas áreas do conhecimento —, o surdo não era considerado humano:

> [...] a fala viva é o privilégio do homem, o único e correto veículo do pensamento, a dádiva divina, da qual foi dito verdadeiramente: a fala é a expressão da alma, como a alma é a expressão do pensamento (ARISTÓTELES *apud* VELOSO; MAIA FILHO, 2009, p. 29).

Dessa forma, os surdos se constituíam sujeitos sem direitos de casar-se, de ter filhos, de herdar ou estudar; aliás, esse último, destaca-se, era benefício de poucos. Sequer podiam frequentar os mesmos ambientes que ouvintes, ficando, à margem da sociedade. Assim, essas ideias de incapacidades, permeavam as congregações legislacionais, que passaram a criar normas que impediam os surdos de estudar e atuar em sociedade.

Diferentemente de todas as sociedades no mundo, no Egito, o surdo tinha uma imagem diferenciada, pois à sua figura era investida a posição de semideus, uma vez que se entendia que o silêncio se devia à sua comunicação única e exclusiva com os deuses, que era feita da terra para os céus, por isso não se comunicavam com humanos (HONORA; FRIZANCO, 2009).

1.2 O SURDO NA IDADE MÉDIA (SEC. V A XV)

À época, a religião é quem ditava as regras, acima, muitas vezes, do que era legislado. Quando falamos de religião, estamos nos referindo à Igreja Católica, que também discriminou o surdo, colocando-o numa posição de subalterno aos ouvintes, já que postulava a *Bíblia* que o ser humano "é imagem e semelhança de Deus", e Deus é perfeito, sem deficiência.

Apoiando-se nas regras da irmandade, a congregação religiosa de Saint Benoit, na França, andou na contramão e resolveu acolher esses sujeitos, já que a principal regra de purificação era o voto de silêncio, e os monges utilizavam gestos para se comunicar. Vale ressaltar que essa linguagem circunstancial, desenvolvida pelos participantes dessa congregação, não é considerada na história parte da origem das línguas de sinais (REILY, 2007). Entretanto, com esse advento, os surdos começaram a ter acesso às "leituras sagradas", desde então começaram a adquirir alguns dos direitos comuns, principalmente os filhos de nobres, que, aprendendo uma língua, podiam se confessar, participar dos ritos da igreja e até se casar. Esses fatos começaram a ser aceitáveis ao final da Idade Média.

1.3 O SURDO NA IDADE MODERNA (SÉC. XV A XVIII)

Já visíveis, embora de forma ainda acanhada nas sociedades, os sujeitos surdos começaram a ganhar permissões, mesmo que timidamente, para se integrarem nos meios sociais e começaram a despertar na classe médica o interesse em pesquisar as causas da surdez.

A Igreja, por sua vez, despertou-se para o acolhimento aos surdos, tendo como justificativa mostrar que fazia caridade também com os "inválidos", vítimas das consequências do pecado dos pais, como afirmou Santo Agostinho.

Foi no século XVI que o surdo foi aceito como aprendiz, a partir de iniciativas isoladas, depois institucionalizadas. A imagem do sujeito surdo tornou-se mais humanizada, tendo como um dos seus primeiros educadores o italiano Gerolamo Cardano, cujo primogênito era surdo. Depois de pesquisar seu próprio filho, afirmou que esses sujeitos eram "doutrináveis" e que a surdez não era impeditiva desse feito, porém era preciso usar imagens para associação de conceitos (apud ROCHA, 2005).

Desde então, os surdos filhos de nobres tiveram acesso ao aprendizado, que, primordialmente, dava ênfase à fala, pois, se dominassem essa ferramenta, poderia ser-lhes concedido o direito de herdar e manter a riqueza da família. Não era permitido o uso dos sinais para interação.

Um grande educador da história da educação dos surdos foi o monge beneditino Pedro Ponce de Leon (STOKOE, 1960), que também vivia em voto de silêncio e buscou entender como se dava, na prática, essa "comunicação gestual" dos surdos, diferentemente da comunicação que os monges faziam no monastério da Espanha, onde habitava. Ele é considerado pela comunidade surda muito importante na história dos estudos da LS, pois registrou, pela primeira vez, o alfabeto dessa língua. Seu trabalho serviu de base aos futuros educadores de surdos, dando o primeiro passo aos estudos subsequentes das línguas de sinais.

Seus estudos e esforços tinham como resultado o aprendizado da escrita, da leitura e das orações cristãs. Dessa forma, esse espanhol se posicionou contrário à afirmação de Aristóteles de que o sujeito surdo não era educável.

Reily (2005) disserta que o monge beneditino Pablo Bonet de Saragoça interessou-se pelo assunto e desenvolveu um novo método sistematizado de ensino, em que defendia que o surdo precisava visualizar as palavras e sons, não pela escrita, mas por desenhos representativos dos gestos.

Em 1620, ele escreveu um livro intitulado *Redução das Letras e Arte de Ensinar a Falar os Mudos* e tornou os estudos acessíveis às pessoas em todo o mundo, que passaram a se dedicar também às pesquisas sobre o ensino de surdo e a criar métodos semelhantes partindo das línguas orais, mas, principalmente, da LS utilizada pelos surdos em cada país.

Pensando nessa rede de fatos, é pertinente relembrar que o grande interesse envolto nesse assunto se deu por motivos financeiros, já que esses estudos e ensinamentos chegavam apenas aos filhos da nobreza.

1.4 O MARCO DA CONTEMPORANEIDADE – CHARLES MICHEL DE L'ÉPÉE

Considerado o "Pai dos Surdos" e conhecido simplesmente como L'Épée (LANE, 1984), foi um monge francês que teve sua ordenação como padre recusada por negar uma das correntes religiosas da Igreja Católica publicamente. Desde sua estadia no monastério, dedicou sua vida aos pobres e necessitados, intensificando ainda mais depois do seu afastamento. Dentre as diversas minorias com quem trabalhou, ele deu atenção particular às pessoas surdas mais simples, filhos de cidadãos comuns. Foi o primeiro a institucionalizar a educação dos surdos e criou a primeira escola pública do mundo para surdos, em Paris, o Instituto Nacional para Surdos-Mudos, em 1760. Assim, levou a esses sujeitos não só o ensino da escrita e da leitura, mas também de disciplinas amplas, ensinadas nas escolas de ouvintes.

> Ao longo da sua vida L'Épée escreveu três obras principais das quais chegou a publicar duas. A primeira em 1776 que se intitulava: "Institution des Sourds-Muets par la voie des signes methodiques". Nesta obra apresentava os primeiros sucessos do seu trabalho com a Língua Gestual Metódica. A este trabalho seguiu-se outro em 1784 intitulado "La veritable maniére d'instruir les sourds et muets confiné e par une longue experience". Nesse mesmo ano começou a trabalhar num livro intitulado "Dictionnaire des Sourds-muets" que não publicou em vida (alguns autores defendem a ideia que o abade escreveu este último livro para ser publicado para ser apenas um guia para o trabalho na escola). Deixou-o incompleto e foi terminado pelo seu sucessor à frente da escola de Paris, o abade Sicard (CARVALHO, 2012, p. 16).

Seus estudos se fizeram conhecer em muitos lugares do mundo, pois as notícias da possibilidade de educação efetiva dos surdos se espalharam entre estudiosos que se deslocavam de seus países para conhecer o grande feito desse homem. Em 1815, o professor e advogado americano Thomas Hopkins Gallaudet, maravilhado com as descobertas, solicitou a sua estada no Instituto de Surdos-Mudos de Paris como estagiário, para, em 1815, fundar sua escola para surdos nos Estados Unidos, que resultou, depois de quase 50 anos, na fundação, em Washington, por seu filho, Edward Gallaudet (PERELLO; TORTOSA, 1978), da primeira faculdade para surdos. Até hoje a única universidade para essa clientela no mundo, conhecida mundialmente como Universidade Gallaudet.

O trabalho de L'Épée (1760) foi tão relevante que, depois de sua morte, a sociedade francesa, por meio da Assembleia Nacional de Paris, conferiu a ele o título de "Benfeitor da Humanidade". Na mesma oportunidade, essa Assembleia declarou que os direitos que eram atribuídos à sociedade em geral também seriam estendidos aos surdos, sobretudo por muitos de seus alunos terem se destacado como intelectuais importantes na sociedade parisiense.

Muitos sucederam o abade L'Épée com contribuições ímpares para o progresso dos estudos sobre educação de surdos, como Jean-Marc Itard (ROCHA, 2009), médico francês, conhecido por estudar o Garoto Selvagem[3], em 1799, que depois veio a se tornar filme da Walt Disney, com o nome *Mogli, O Menino Lobo* (1967). Uma criança de 12 anos vivia como animal e tinha uma fala ininteligível; segundo o médico, devido à condição que lhe foi imposta, não tinha linguagem (HONORA; FRIZANCO, 2009).

Esse garoto levou Itard a estudar as causas da surdez, investigando cadáveres surdos e muitas vezes se utilizando de métodos cruéis em nome da ciência, o que resultou nas mortes de pessoas ouvintes levadas à surdez, para, por fim, se render à eficácia do ensino de LS.

1.5 OS MÉTODOS DE ENSINO DO SURDO

Nos parágrafos anteriores, observamos algumas filosofias de ensino para surdos estudadas em todo o mundo e destacamos os três métodos de ensino utilizados, os quais, até hoje, não foram totalmente extintos, embora a maioria dos teóricos e estudiosos que se dedicam a esse assunto defenda o uso da LS como meio mais eficaz de educação de surdos.

O primeiro método a ser estudado e discutido foi o **Método Oral**. Depois de apostar que os surdos eram irracionais, professores de surdos e interessados em sua educação em todo mundo, como Konrah Amman (1692), John Wallis (1698), Jacob Rodrigues Pereira (1744), Samuel Heinicke (1768) e outros, inclusive já citados, entenderam que os sujeitos sem audição precisavam expressar desejos, ansiedades, dores, tristezas e alegrias, por meio de

---

[3] *Garoto Selvagem*: um dos grandes filmes de François Truffaut. Lançado em 1970, teve grande repercussão e uma produção com tema similar, o impressionante *O Enigma de Kaspar Hauser*, de Werner Herzog.

uma comunicação oral, de modo que todos pudessem compreendê-los. Se conseguissem falar, poderiam viver mais facilmente em sociedade (COELHO; CABRAL; GOMES, 2004).

Alguns permaneceram fiéis a esse método durante toda sua vida, outros expressaram juízo diferente ao conhecerem o método gestual de comunicação — assim chamado inicialmente. Entretanto, um marco na história da educação de surdos firmou o método oral por quase uma década em todo o mundo, excluindo qualquer outra forma de ensino, principalmente a LS.

O II Congresso Mundial de Surdos-Mudos, que aconteceu, em 1880, em Milão, Itália, promoveu uma discussão acirrada sobre qual seria o método mais adequado para o surdo se comunicar, com a participação do inventor do telefone, Alexandre Graham Bell[4], um dos principais defensores da oralização. Sua mãe e sua esposa eram surdas, por isso postulava a importância da oralização, abalizando que o lugar dos surdos era junto aos ouvintes, evitando, assim, a multiplicação de pessoas com a mesma característica (COELHO; CABRAL; GOMES, 2004).

O resultado desse Congresso — do qual apenas um surdo participou, mas foi "convidado" a se retirar — foi a decisão de que o oralismo puro seria o método mais apropriado para interação do surdo e que — brutalmente, em nossa opinião — as línguas de sinais em todo o mundo seriam extintas oficialmente, postulando que os sinais eram indubitavelmente inferiores à comunicação oral.

A decisão de obrigar os surdos a oralizar para viver em sociedade, em detrimento do aprendizado e uso da LS, acarretou sérias atitudes por parte dos educadores em todo o mundo, como advertências e punições, inclusive o castigo de amarrar os braços nas escolas para coibir o uso da LS, resultando em absurdas consequências e notados insucessos de inclusão dos surdos nas sociedades.

A história nos mostra que, ao longo dos anos, os estudantes surdos não apresentavam resultado satisfatório de aprendizagem e acabavam saindo da escola para exercer profissões que não exigiam escolaridade nem conhecimento científico (sapateiro, engraxate, costureiro, lenhador, agricultor etc.).

A proibição da LS e a tentativa de "normalização" dos surdos perdurou por 80 anos; poucos foram realmente incluídos na sociedade nesse momento

---

[4] Alexandre Graham Bell (1847-1922): esposo e pai de surdas e defensor da educação de surdos por meio do método oral, fundador de uma escola para formação de professores de surdos e outra para o ensino de surdos, em 1872, em Boston, Massachusetts.

de permanência do oralismo, e os que não se adaptavam eram considerados retardados. Além disso, em inúmeros casos, não se considerava nem mesmo a impossibilidade biológica de oralizar.

É nessa perspectiva que, em 1968, quase cem anos depois do afamado Congresso de Milão, como é conhecido, e após vários estudos de diversos teóricos sobre a LS terem espalhado em toda Europa a proposição da eficácia da aprendizagem da LS, surge a filosofia de ensino conhecida como **Comunicação Total**. Diante de tantas discussões sobre o método mais acertado (oralismo ou gestualismo), observou-se que a LS não tinha sido extinta, como se havia determinado. Nesse contexto, o estudioso Loren Roy Holcom (1968 *apud* HAWKINS; BRAWNER, 1997) desenvolveu o **Método Combinado**, ou **Comunicação Total**, criado por Dorothy Shifflet (1965 *apud* HAWKINS; BRAWNER, 1997) para se comunicar com a filha surda, por estar insatisfeita com a oralização (SÁ, 1999). O método se baseia na utilização dos gestos e da oralização simultaneamente, podendo também envolver outros meios comunicativos, como escrita, desenho, mímica etc.:

> A filosofia da Comunicação Total tem como principal preocupação os processos comunicativos entre surdos e surdos, e entre surdos e ouvintes. Essa filosofia também se preocupa com a aprendizagem da língua oral pela criança surda, mas acredita que os aspectos cognitivos, emocionais e sociais, não devem ser deixados de lado em prol do aprendizado exclusivo da língua oral. Por esse motivo, esta filosofia defende a utilização de recursos espaço-visuais como facilitadores da comunicação (GOLDFELD, 1997, p. 35).

Diante da confusa realização dessa comunicação e de seu método de ensino- aprendizagem, não se estabeleceu, já que não proporcionava interação com nenhuma das línguas efetivamente, nem a oral, nem a visual. Seu uso vigorou por apenas dois anos, dando ainda mais força à volta da comunicação viso-gestual.

Muitos são os defensores do **Método Gestual**, ou **Língua de Sinais**, como Bartollo Della Marca D'Ancona (PORCARI; VOLTERRA, 1995), John Bulwer (1648), Piérre Desloges (1778), Abade de L'Épée (1760) e seus sucessores Roch-Ambroise Cucurron Sicard (1786), ou Abade Sicard, como é conhecido, bem como seus alunos e primeiros professores surdos do mundo, Jean Massieu (1822 – segundo diretor do Instituto de surdez de Paris) e Laurent Clerc (1815 – surdo e educador), pai e filho Gallaudet, entre outros.

Depois de muitos estudos e investigações acerca do surdo, de sua educação, da sua cognição, e circulando principalmente pela França e pelos Estados Unidos, o linguista americano William Stokoe publicou um artigo, em 1960, resultado de muita investigação, denominado "Sign Language Structure: An Outline of the Usual Communication System of the American Deaf" (Estrutura de Linguagem: uma abordagem do sistema de comunicação visual do surdo americano), no qual afirmava que a LS utilizada pelos surdos americanos era dotada de características linguísticas semelhantes às das línguas orais. Ele foi o pioneiro nos estudos linguísticos propriamente ditos das línguas de sinais, que são tomados por base até hoje por linguistas, educadores, fonoaudiólogos etc., embora o enfoque da atualidade seja dado à **Educação Bilíngue** para os surdos.

Com as discussões iniciadas, em 1986, no Brasil e, após tantas lutas e fracassos ligados aos métodos mencionados, os surdos politizados e a comunidade de ouvintes envolvidas com as causas surdas têm proposto a implantação do bilinguismo nas escolas regulares, que consiste em educar os surdos, desde a tenra idade, nas duas línguas, a sua materna, a LS, e uma segunda, nesse caso, a língua portuguesa.

De acordo com a legislação vigente, deve-se:

> [...] II - ofertar, obrigatoriamente, desde a educação infantil, o ensino da Libras e também da Língua Portuguesa, como segunda língua para alunos surdos;
>
> III - prover as escolas com:
>
> a) professor de Libras ou instrutor de Libras;
>
> b) tradutor e intérprete de Libras - Língua Portuguesa;
>
> c) professor para o ensino de Língua Portuguesa como segunda língua para pessoas surdas; e [...]
>
> (BRASIL, 2005, s/p).

Essa modalidade tem sido implantada gradativamente nas instituições públicas de ensino no Brasil como resultado de muitos embates travados pela comunidade surda diante das políticas públicas. A principal e mais recente manifestação política dos surdos para a implantação nacional dessa categoria de ensino foi o "Setembro Azul", um movimento pela "Educação Bilíngue para Surdos". O nome faz referência à comemoração do dia do surdo, em 26 de setembro. Esse movimento é fruto de discussões e mobilizações em defesa do Instituto Nacional de Educação de Surdos (INES), situado no Rio de Janeiro e considerado, pela comunidade surda brasileira, um patrimônio histórico e cultural. O movimento posicionou-se contra a ameaça do governo de fechamento do Instituto e de todas as escolas de surdos do país em defesa da "educação inclusiva", o que culminou em uma grande manifestação nacional realizada em Brasília, em maio de 2011, com participantes de todo o país.

1.6 O SURDO NA SOCIEDADE BRASILEIRA

Após o Congresso de Surdos em 1880, em todo o mundo, os surdos sofreram amplos problemas quando da decisão de imposição do oralismo. Aqui no Brasil, durante os 80 anos de sofrimento, eles padeceram perseguições e relatam cenas de horror, sobretudo, nas instituições de ensino.

Pouco antes, em 1855, o francês, surdo de nascença, René Ernest Huet, que atuou como diretor do Instituto de Surdos de Paris, veio ao Brasil, por intermédio de D. Pedro II, para educar surdos da nobreza no nosso país e trouxe consigo os estudos concretizados na França. Aproximadamente um ano depois, exatamente em 26 de setembro de 1857, foi fundada oficialmente, por meio de recursos públicos, a primeira escola de surdos no Brasil, o Imperial Instituto dos Surdos-Mudos, hoje chamado de Instituto Nacional de Educação do Surdo (INES)[5].

Depois da criação do INES, outras instituições de ensino de surdos foram criadas no Brasil. Em 1923, em São Paulo, foi fundada a escola particular Instituto Santa Terezinha, somente para meninas; em 1957, a Escola de Surdos (Vitória/ES); em 1954, a escola Concórdia (Porto Alegre/RS) e o Centro de Audição e Linguagem "Ludovico Pavoni" – CEAL/LP (Brasília-DF); a escola Hellen Keller (Caxias do Sul/RS); a Escola Rompendo o Silêncio (Rezende/RJ) e alguns Centros Estaduais de Atendimento e Apoio ao Deficiente Auditivo espalhados em todo o Brasil, todos buscando promover educação para surdos. A luta em busca de qualidade no ensino culminou na Lei Federal n.º 10.436, de 24 de abril de 2002, que reconhece a Língua Brasileira de Sinais, regulamentada pelo Decreto n.º 5.626, de 22 de dezembro de 2005, e instrui quanto ao uso e à difusão da língua, ao seu ensino e à formação de

---

[5] Informações retiradas do site do INES.

profissionais, instrutores, professores e intérpretes de Libras. Além disso, insere essa língua como disciplina obrigatória em vários cursos superiores. A Lei n.º 10.436/2002 e o Decreto n.º 5.626/2005 foram as maiores conquistas dos surdos no nosso país, pois, após serem publicados, outros grandes triunfos foram vivenciados, como, em 2006, a criação do primeiro curso de Graduação em Letras/Libras a distância, pela Universidade Federal de Santa Catarina; em 2009, o curso de Graduação em Letras/Libras, também ofertado pela mesma universidade. Desde então, houve a expansão de cursos em todo Brasil.

1.6.1 Os direitos das pessoas com deficiência nas leis brasileiras

A Constituição Federal de 1988 surgiu depois de um longo período de ditadura militar, como fruto da redemocratização do país, e veio assegurar garantias legais para toda população brasileira igualitariamente, principalmente no que diz respeito à saúde, à educação e à cidadania. São citadas pela Lei suprema as Pessoas com Deficiência (PcD), à época chamadas de "Portadores de Deficiência". Foi a primeira legislação desta nação a considerar os direitos desse grupo.

Essa lei estabelece quem é a pessoa com deficiência e dispõe sobre a integração dela à sociedade (Art. 203, Seção IV, itens IV e V). Além disso, define a educação como um direito de todos, garantindo o pleno desenvolvimento da pessoa (Art. 205), estabelece a igualdade de condições de acesso e permanência na escola (Art. 206) e tutela às PcD um atendimento educacional especializado por parte do Estado (Art. 208).

Entretanto, a lei é muito abrangente e não especifica as formas de educação para cada grupo dos PcD (surdos, cadeirantes, cegos, paralisados etc.), por isso foram criadas outras leis que vêm assegurar direitos mais específicos a cada um.

Ainda no âmbito federal, destacamos a Lei n.º 7.853, de 24 de outubro de 1989, que confere ao Ministério Público a defesa dos interesses coletivos e difusos dos PcD, na lei chamados de "Pessoa Portadora de Deficiência", aludindo sobre tópicos que se integram no intuito de propor melhor qualidade de vida a essas pessoas, como saúde, educação e trabalho, bem como norteando as adequações de edificações para os atendimentos e a acessibilidade de todos. Dispõe ainda sobre as atitudes discriminatórias contra essas pessoas em qualquer âmbito da sociedade como criminosas.

Na continuidade histórica legislacional, foi criado o Plano Nacional de Educação Especial em 1994, que consistia em ampliar as matrículas na educação especial:

> A Política Nacional de Educação Especial compreende, portanto, o enunciado de um conjunto de objetivos destinados a garantir o atendimento educacional do alunado portador de necessidades especiais, cujo direito à igualdade de oportunidades nem sempre é respeitado. A expectativa, a partir da concretização desse enunciado, é de que, até o final do século, o número de alunos atendidos cresça pelo menos 25 por cento, o que ainda pode ser considerado muito pouco, tendo em vista a atual demanda, estimada em torno de 10 por cento da população, dos quais apenas cerca de 1 por cento recebe, atualmente, atendimento educacional (BRASIL, 1994, p. 7-8).

A Lei n.º 9394/96, de 20 de dezembro de 1996, conhecida comumente no âmbito educacional como Lei de Diretrizes e Bases da Educação Nacional (LDB), é o alicerce em que se sustenta a educação do país e contém 298 metas para todos os níveis e modalidades de ensino, bem como importantes questões sobre a formação de professores, financiamento e gestão da educação no Brasil. Busca ainda a superação da desigualdade e da exclusão.

A LDB dispõe sobre a regulamentação do sistema de educação do Brasil, com base nos princípios presentes na Constituição Federal. Seu Art. 58, parágrafo primeiro, refere-se aos serviços de apoio especializado na escola regular para atender às peculiaridades da clientela com necessidades educacionais específicas, e seu Art. 59 assegura aos educandos com necessidades especiais:

> I - currículos, métodos, técnicas, recursos educativos e organização, específicos para atender às suas necessidades;
>
> II - terminalidade específica para aqueles que não atingiram o nível exigido para a conclusão do programa escolar em virtude de suas deficiências, e aceleração para concluir em menor tempo o programa escolar para os superdotados;
>
> III - professores com especialização adequada em nível médio ou superior, para atendimento especializado, bem como professores de ensino regular capacitados para a integração desses estudantes nas classes comuns.
>
> IV - educação especial para o trabalho, visando sua efetiva integração na vida em sociedade.

O art. 2º da Lei n.º 10.098, de 19 de dezembro de 2000, estabelece condições de acessibilidade com possibilidade e condição de alcance para utilização, com segurança e autonomia, dos espaços, mobiliários e equipamentos no interior dos edifícios públicos e privados, por pessoa PcD ou pessoa com mobilidade reduzida.

Nesse cenário, surge o Plano Nacional de Educação (PNE), que institui a educação como condição fundamental para o desenvolvimento do país e exprime exigências de distintos segmentos sociais no que diz respeito à educação. A Lei n.º 10.172/2001, que sancionou o PNE, em 9 de janeiro de 2001, destaca "[...] a construção de uma escola inclusiva que garanta o atendimento à diversidade Humana".

A Lei n.º 10.845, de 5 de março de 2004, institui o programa de complementação ao atendimento educacional especializado às PcDs, com o objetivo de garantir a inserção desses educandos nas classes comuns de ensino regular. Se não houver condições, de qualquer espécie, que permitam sua integração em classes comuns de ensino regular, o programa deve garantir a universalização do atendimento especializado.

O Decreto n.º 5.296, de 2 de dezembro de 2004, regulamenta a Leis n.º 10.048, de 8 de novembro de 2000, documento que indica o atendimento prioritário às pessoas com necessidades específicas, e a Lei n.º 10.098, de 19 de dezembro de 2000, que designa princípios gerais e critérios básicos para a promoção da acessibilidade das PcDs ou mesmo aquelas que apresentem mobilidade reduzida, dando ênfase à promoção de acessibilidade. Essa tem como referências básicas as normas técnicas de acessibilidade da Associação Brasileira de Normas Técnicas (ABNT), sobretudo a NBR 9050/2004, que detalha a acessibilidade arquitetônica para as PcDs.

A maior de todas as conquistas da comunidade surda foi a regulamentação da sua língua oficial, a Língua Brasileira de Sinais (Libras). Na lei, a Libras é reconhecida como qualquer outro idioma, com peculiaridades e complexidades próprias, sendo língua natural, ou seja, não se deriva de outra, apenas com modalidade diferente das conhecidas por todos (línguas portuguesa, espanhola, inglesa, francesa etc.), ou seja, modalidade visual-espacial.

O Decreto n.º 5.626, de 22 de dezembro de 2005, faz todos os desdobramentos necessários para a legitimação do uso da Libras, reconhecida como língua do país pela Lei n.º 10.436, de 24 de abril de 2002. O decreto informa, inicialmente, quem deve ser considerado surdo e como devemos reconhecê-lo. Além disso, orienta a sociedade, as autoridades e as instituições sobre: a inclusão da Libras como disciplina curricular; a formação do professor e do instrutor de Libras; o uso e a difusão da Libras e da Língua Portuguesa para o acesso das pessoas surdas à educação, principalmente por parte das instituições federais de ensino; a formação do tradutor e intérprete de Libras – Língua Portuguesa; a garantia do direito à educação das pessoas surdas ou com deficiência auditiva; a garantia do direito à saúde das pessoas surdas ou com deficiência auditiva e do papel do poder público e das empresas que detêm concessão ou permissão de serviços públicos no apoio ao uso e à difusão da Libras.

Em 2007, foi aprovado pelo então presidente da República o Plano de Desenvolvimento da Educação (PDE), que vigora juntamente ao PNE; este tem como foco as ações voltadas à formação de professores, e aquele enfoca a qualidade do ensino.

O PDE foi além de apenas prever ações a fim de identificar e resolver os problemas encontrados na educação brasileira à época; o documento aludia claramente para o grande alvo: combater os problemas sociais que, de uma forma ou de outra, embaçavam o avanço da educação no país.

Entre as inúmeras ações de promoção de crescimento nacional — Proinfância, Luz para todos, Transporte escolar, Biblioteca na escola, Educação profissional, entre outras — que deveriam ser desenvolvidas mediante a parceria entre União, estados e municípios, estão aquelas que envolvem os estudos, como: salas multifuncionais, que é a busca por capacitações continuadas para professores que atendem nas salas de Atendimento Educacional Especializado (AEE); ampliação e instrumentalização das salas específicas para a Educação Especial, que, por sua vez, tinha por meta promover e acompanhar não só o ingresso mas também a permanência de PcDs, especialmente crianças e jovens de 0 a 18 anos nas escolas regulares, sobretudo aquelas atendidas pelo Benefício de Prestação Continuada (BPC) da assistência social; a acessibilidade, visando promover efetivamente a acessibilidade universal de todo e qualquer cidadão aos espaços públicos, ambientes, materiais e processos.

Dessa forma, o PDE, construído em parceria com as escolas, foi considerado um processo de planejamento estratégico desenvolvido pela e para a escola, visando à melhoria da qualidade do ensino e da aprendizagem.

Ainda em 2007, foi reestruturado o Plano Nacional de Educação Especial de 1994, por um grupo de trabalho cujos participantes eram pesquisadores educacionais. Foi publicado em janeiro 2008, trazendo o nome de Política

Nacional de Educação Especial na Perspectiva da Educação Inclusiva, tendo como foco a garantia do direito de todos à educação, ao acesso e às condições de permanência e continuidade de estudos no ensino regular.

Também cabe citar a Declaração Universal dos Direitos Humanos. Em homenagem ao seu 58º aniversário, foi criada a Convenção sobre os Direitos das Pessoas com Deficiência, homologada pela Assembleia das Nações Unidas, em 13 de dezembro de 2006, e que entrou em vigor em 3 de maio de 2008, tratando de direitos civis, políticos, econômicos, sociais e culturais dos sujeitos com deficiência em seus 50 artigos:

> Pessoas com deficiência têm o direito [...]
>
> ao respeito pela sua dignidade humana [...]
>
> aos mesmos direitos fundamentais que os concidadãos... a direitos civis e políticos iguais aos de outros seres humanos... a medidas destinadas a permitir-lhes a ser o mais autossuficientes possível...
>
> a tratamento médico, psicológico e funcional [e] a desenvolver suas capacidades e habilidades ao máximo [e] apressar o processo de sua integração ou reintegração social...
>
> à segurança econômica e social e a um nível de vida decente...
>
> de acordo com suas capacidades, a obter e manter o emprego ou se engajar em uma ocupação útil, produtiva e remunerada e se filiar a sindicatos [e] a ter suas necessidades especiais levadas em consideração em todas as etapas do planejamento econômico e social...
>
> a viver com suas famílias ou com pais adotivos e a participar de todas as atividades criativas, recreativas e sociais [e não] serem submetidas, em relação à sua residência, a tratamento diferencial, além daquele exigido pela sua condição...
>
> [a] serem protegidas contra toda exploração, todos os regulamentos e todo tratamento abusivo, degradante ou de natureza discriminatória...
>
> [e] a beneficiarem-se de assistência legal qualificada quando tal assistência for indispensável para a própria proteção ou de seus bens...

Vale ressaltar, ainda, uma norma que não só garante o apoio ao processo de ensino-aprendizagem do sujeito surdo, mas também a inserção dele na sociedade, que é a Lei n.º 12.319, de 1º de Setembro de 2010, a qual tardiamente regulamenta a profissão do tradutor e intérprete de Libras/Língua Portuguesa/Libras, personagem existente na vida do sujeito surdo, que deve deter o conhecimento sóbrio das duas línguas que envolvem a interação desse sujeito, a LS e a língua oral.

Faz sentido, portanto, pensarmos todas essas normas, sobretudo as especificamente voltadas à educação dos surdos, como meios de legitimação do sujeito surdo como um ser diferente, que precisa de um tratamento específico em relação ao seu aprendizado, tornando a surdez uma característica única de um sujeito. Há de se considerar também a historicidade que compõe esse sujeito e as condições em que ele vive no cumprimento ou não dessas legislações, bem como as condições sociais para sua aceitação independentemente das leis.

CAPÍTULO 2

A estrutura da língua que uma pessoa fala influencia a maneira com que esta pessoa percebe o universo.

(Lev Semiónovich Vygotsky)

INTERAÇÃO E DESENVOLVIMENTO DA LINGUAGEM

Nos dias atuais, os discursos sobre inclusão e diferença têm tomado uma proporção muito grande na sociedade brasileira. São instituições que promovem cursos específicos, concursos criados para suprir a necessidade de atendimento especializado, propagandas nos meios de comunicação valorizando as minorias, nomenclaturas criadas com o intuito de diminuir o preconceito, órgãos de controle exigindo acirradamente o cumprimento das leis e PcDs que historicamente "nem existiam" sendo atenciosamente vistas e ouvidas.

Os grupos minoritários ganham força nas suas comunidades e buscam a cada dia seus direitos, conquistando espaços cada vez maiores na sociedade.

Os surdos fazem parte de um grupo de, aproximadamente, 6 milhões em todo o país (IBGE, 2010), que "descobriu" que existem leis que lhes dão direitos de tratamento com igualdade, como parte da sociedade.

A primeira grande conquista dessa comunidade é o respeito à sua cultura mediante o reconhecimento da sua língua como parte natural e elemento intrínseco à comunidade surda.

Nessa linha de pensamento, Tomasello (2003) chama atenção para o seguinte fato:

> No transcurso do tempo histórico, os seres humanos criaram em colaboração [...] um conglomerado de perspectivas e interpretações categorias sobre todo tipo de objetos, eventos e relações, e as incorporaram em seus sistemas de comunicação simbólica chamados de linguagem (p. 237).

No momento em que escrevemos este trabalho, já decorreram 12 anos da sanção da Lei n.º 10.436/2002. Nos últimos dois anos, houve um despertar dessa comunidade para exigir o cumprimento do Decreto n.º 5.626/2005, que diz como a Libras deve ser tratada, por quem e como deve ser ensinada, garantindo seu uso e sua difusão em todo o Brasil.

Nesse contexto, essa língua ganha o interesse das pessoas e das instituições de ensino, em todo o território nacional, e a busca pelo seu aprendizado se torna cada vez maior, assim como a busca por profissionais intérpretes e docentes de Libras. Surgem também os surdos instrutores, que trabalham amparados pela lei e pelos certificados nacionais e estaduais, mas que carregam, em sua árdua tarefa, o desejo de ensinar sua língua ao "povo ouvinte" sem, no entanto, terem sidos instruídos formalmente, sem conhecerem o suficiente da língua dos ouvintes, sem ao menos conhecerem as metodologias necessárias para o ensino de línguas.

2.1 A IMPORTÂNCIA DA LÍNGUA DE SINAIS PARA O SURDO

Os surdos e suas línguas são tão antigos quanto à civilização humana e são citados no livro mais antigo e mais lido em todos os tempos: a *Bíblia*.

Os estudos da LS evidenciam seu status de língua natural, que surge, como qualquer língua oral, da necessidade de interação; é assim considerada porque nasce "[...] espontaneamente da interação entre pessoas, e porque, devido a sua estrutura, permite a expressão de qualquer conceito e de qualquer significado decorrente da necessidade comunicativa e expressiva do ser humano" (BRITO, 1997, p. 19).

O linguista americano William Stokoe, na década de 1960, foi o primeiro a observar a estruturação gramatical da LS e a reconhecer a gramática da LS como independente. Hoje é reconhecido como pai da linguística de sinais (SACKS, 2010). Antes dele, quando do predomínio da oralização, a LS era vista como uma comunicação pobre, que consistia apenas em gestos e mímicas, sem qualquer estrutura preestabelecida.

Seus estudos se debruçaram sobre a Língua de Sinais Americana (American Sign Language – ASL), no que diz respeito tanto à sua estruturação interna como à sua gramática, resultando na comprovação do seu valor linguístico. Seus estudos culminaram na publicação do já citado livro *Language Structure: na Outline ofthe Visual Communication System of the American Deaf* (1960), que deu início a várias outras pesquisas, inclusive trouxe de volta a LS às salas de aulas, reforçando a defesa do seu uso nas comunidades surdas.

A obra trata-se de uma pesquisa de comparação realizada por Stokoe entre surdos com pais surdos e surdos com pais ouvintes. Ele se preocupou em observar como se dava o desenvolvimento cognitivo desses dois grupos, e o resultado muito o surpreendeu, pois comprovou que os surdos filhos de pais surdos tiveram seu desempenho muito mais avançado do que os surdos filhos de pais ouvintes, mostrando assim a eficácia da comunicação por meio dos sinais, sem prejuízo ao desenvolvimento da criança. O grande mérito desse estudo foi conferir status de "língua" à LS, reforçando o pertencimento dessa comunidade a uma cultura e, mais, conferindo ao grupo identidade própria, ao afirmar a ligação existente entre cultura, identidade e linguagem.

Nesse sentido, Tomasello (2003) elucida os compartilhamentos que fazemos nas nossas individualidades com os grupos, entrelaçando, assim, o que é particular à cultura, que é algo pertencente a um conjunto, relacionando sociedade, indivíduo e cultura.

Ao experenciar o mundo por meio da visão, o surdo afirma sua identidade diferenciada da do ouvinte, legitimando suas lutas por uma vida igualitária em sociedade, logo reivindicando educação de qualidade, com metodologia adequada, atendimento em qualquer âmbito da sociedade na sua língua, divulgação de sua cultura e do seu jeito de se portar no mundo, como garantia de cidadania.

Com o avanço dos estudos, em vários lugares do mundo, pesquisadores se dedicaram à investigação da LS, que chegou ao Brasil pelo belga surdo Ernest Huert, trazido por intermédio de D. Pedro II, em 1857, para ensinar os surdos filhos de nobres.

2.2 A AQUISIÇÃO DA LINGUAGEM

A aquisição da linguagem é um tema muito discutido nos estudos linguísticos voltados à educação de surdos. Refletimos acerca de como a criança surda adquire e aprende a língua materna — a portuguesa ou a de Sinais — e qual o papel do meio nesse processo.

Os autores Fernandes e Correia (2005, p. 18) reforçam a necessidade de proporcionar ao sujeito surdo, quanto mais cedo possível, o contato com uma língua, buscando atentar às fases de seu desenvolvimento, obedecendo às fases naturais de sua aquisição. Para os autores, esse contato é fundamental ao desenvolvimento. Privar a criança desse direito, sob qualquer alegação, é desrespeitá-la em sua integridade.

O trabalho desses autores apresenta dois exemplos que demonstram a fragilidade do aprendizado da fala quando há falta de contato com a linguagem dos 3 aos 5 anos. O primeiro deles diz respeito à "afasia infantil adquirida", ou seja, quando a criança em tenra idade perde a habilidade de oralizar por algum trauma na área de Broca[6]. O segundo se refere às raras situações de crianças que, isoladas de contato-referência adulta (crianças selvagens ou "meninos lobos") se desenvolvem, física e mentalmente, sem nenhuma comunicação. Mesmo que, em sua juventude, venham a obter contato linguístico com adulto, é facilmente demonstrável a fragilidade da sua atuação linguística, bem como sua desenvoltura comportamental (RODRIGUES, 1993, p. 14).

Esses exemplos foram citados para compreendermos com mais clareza a situação de falta de acesso da criança surda à linguagem e o prejuízo que pode causar ao seu desenvolvimento; além disso, a qualidade desse contato é importante, uma vez que ele é desprovido da audição.

A privação de um dos sentidos, nesse caso a audição, tem efeitos assoladores para o desenvolvimento não só da linguagem, mas também de outras áreas cognitivas (RAPIN, 1979; PERIER *et al.*, 1984). O surdo, com a perda da audição, é levado a se mover no mundo e a captar as informações dele principalmente por meio da visão. Rodrigues (1993) comprova em seus estudos que a cultura ouvintista tem forçado o aprendizado de uma língua oral, quando naturalmente suas habilidades auditivas são supridas pela destreza visual aguçada, e essa desenvoltura habilita ao aprendizado de uma língua de modalidade visual-espacial, que se organiza nos mesmos locais do cérebro que a língua oral, o que dá à LS a categoria de língua natural (QUADROS, 1997, p. 27; SKLIAR, 2000, p. 143; BRASIL, 2002, p. 1).

Skliar (1999) cunhou o termo "ouvintização", usado no meio acadêmico sob as formas neologistas "ouvintistas, desouvintização, ouvintismo", para descrever a imposição do colonialismo dos ouvintes, ou seja, a imposição dos ouvintes em "normalizar" o surdo, obrigando-os a usar sua língua, a pensar e agir tal qual a cultura ouvinte. Deriva dessa prática o posicionamento "deficiente" de muitos surdos, que passam a se ver como incompletos, imperfeitos ou até pseudo-ouvintes. Usamos ainda o termo "surdismo" como antônimo ao conceito explicitado:

---

[6] "[...] Distúrbio adquirido da função da linguagem previamente intacta [...]. Refere-se a uma anormalidade de um ou mais dos processos de codificação que fundamenta, os vários componentes da linguagem, incluindo fala, compreensão oral, escrita e leitura. Os surdos-mudos afásicos apresentam deficiência da produção ou compreensão da linguagem de sinais" (BRUST, 2000, p. 239).

> [...] (ouvintização) sugere uma forma particular e específica de colonização dos ouvintes sobre os surdos. Supõe representações práticas de significação, dispositivos pedagógicos etc., em que os surdos são vistos como sujeitos inferiores, primitivos e incompletos (SKLIAR, 1999, p. 7).

O ouvintismo diz respeito justamente à defesa da oralização em detrimento do uso dos sinais naturalmente desenvolvidos pelas crianças surdas, como forma de desenvolvimento pleno e integração social efetiva desta criança. Rodrigues (1993) concluiu também que, sendo uma língua natural, partindo dos estudos de aquisição das línguas orais, há um período predeterminado e adequado para o contato e a aprendizagem —- lembrando os dois exemplos citados anteriormente. Logo, a criança surda acaba sendo iniciada tardiamente em seu aprendizado da LS, o que gera consequências cognitivas e emocionais.

Assim, três fatores devem ser levados em conta na educação do surdo:

1. O tempo adequado para o contato com a língua de maior prevalência: Skliar (2004) propõe que a criança surda cresça imersa nas duas línguas, a primeira sendo a LS e a segunda, a língua de escrita majoritária no país.

> A experiência prévia com a uma língua contribui para aquisição de segunda língua, dando à criança ferramentas heurísticas necessárias para a busca e organização dos dados linguísticos e o conhecimento, tanto geral como específico, da linguagem (*apud* GUARINELLO, 2007, p. 33).

Assim, é importante associarmos o bilinguismo ao biculturalismo, uma vez que não basta conhecer palavras, expressões e estrutura de uma língua para aprendê-la efetivamente, também é preciso conhecer as significações sociais e culturais das comunidades usuárias, o que será proporcionado pelo contato direto com os pares nas respectivas comunidades surdas e ouvintes, a interação com essas culturas, resultando na identificação pela prevalência da língua.

Na mesma proporção que a criança ouvinte tem contato com sua língua majoritária de modalidade oral, a criança surda deve ter contato com a LS, seja qual for a família em que está inserida, se surda ou se ouvinte, o que acontece mais naturalmente quando a criança surda tem pais surdos usuários da LS.

> Nascemos com nossos sentidos; eles são "naturais". É possível desenvolvermos sozinhos, naturalmente, as habilidades

> motoras. Mas não podemos adquirir sozinhos uma língua: essa capacidade insere-se numa categoria única. Não se pode desenvolver uma língua sem alguma capacidade inata essencial, mas essa capacidade só é ativada por uma outra pessoa que já possui capacidade e competências linguísticas. É somente por meio de transação (ou, como diria Vygotsky, "negociação") com outra pessoa que a linguagem é desenvolvida (SACKS, 2010, p. 59).

Ao contrário do que lemos, a maioria das crianças surdas se mantém inerte à linguagem de sinais, já que não lhes é dada a chance de ter contato com ela, na maioria das vezes por falta de conhecimento dos familiares.

> [...] muitas das crianças surdas passam seu escasso tempo livre entre hospitais, clínicas e consultórios; finalmente, permanecem o resto do dia dentro de um ambiente familiar que desconhece ou nega a identidade lingüística e cultural do surdo (SKLIAR, 1998, p. 48).

É importante que as famílias sejam bem informadas das possibilidades de aprendizagem da criança surda, pois são elas que devem providenciar, o mais cedo possível, o contato da criança com pessoas surdas usuárias da LS, proporcionando melhor aquisição linguística e, consequentemente, melhor desenvolvimento e aprendizagem, já que o convívio com seus pares aguçará o sentido de maior prevalência para apreensão do mundo: a visão.

> [...] a aquisição da linguagem pela criança requer muito mais assistência das pessoas que delas cuidam, assim como interação com eles [...]. A linguagem é adquirida não no papel de espectador, mas através do uso. [...] A criança não está aprendendo simplesmente o que dizer, mas como, onde, para quem e sob que circunstâncias (BRUNER, 1997, p. 67).

Sabemos que a interação tem papel crucial na cognição social e no desenvolvimento humano, já que um sujeito se vê no outro e que as interações são plenas da cultura, crenças e ideologias. Tomasello (2003) chama esse processo evolutivo de "efeito catraca", em que um sujeito se utiliza de uma prática linguística e que, ao passar de geração a geração, ocorrem modificações que dependem também das mudanças culturais ao longo do tempo. Não podemos, igualmente, ignorar o convívio dos surdos com seus pares, para que a prática da língua não se perca nem a sua melhoria, girando a "catraca" mediante a transmissão social. A aprendizagem linguística e cultural se deve, sobretudo, ao fato de o sujeito compreender a si mesmo e ao outro como agente intencional linguístico.

2. O sentido biológico com que esses sujeitos absorvem as informações do mundo: A proposta bilíngue de Vygotsky indica que nos afastemos da visão clínica e reabilitadora da surdez, que busca a "normalização" do surdo por meio do uso da oralidade e da secularização, na melhor das hipóteses, da LS, e nos aproximemos da visão socioantropológica de Skliar (1999), que a compreende como uma possibilidade diferente de viver. Mediante experiências visuais, constrói-se sua identidade assentada principalmente nessa diferença, levando o sujeito a se utilizar de estratégias cognitivas e manifestações comportamentais e culturais visuais distintas das pessoas ouvintes.

> A educação de crianças especiais é um problema educativo como é também o da educação de classes populares, a educação rural, a das crianças da rua, a dos presos, dos indígenas, dos analfabetos, etc. É certo que em todos os grupos que menciono existe uma especificidade que os diferencia [...] (SKLIAR, 1997, p. 14).

Dessa forma, é imprescindível termos nossas práticas educativas voltadas ao sentido biológico que o surdo utiliza para apreender o mundo: a visão. Estabelecer as relações de olhar é voltar às relações iniciais dos surdos enquanto bebês e seus familiares, que são intrínsecas à identidade e à cultura surda. Pensar a educação de surdos é considerar, entre outros aspectos importantes, as experiências visuais.

> Os estudos Surdos em Educação podem ser definidos como um território de investigação educativa e de proposições políticas que, por meio de um conjunto de concepções lingüísticas, culturais, comunitárias e de identidades, definem uma particular aproximação ao conhecimento sobre a surdez e os surdos. Nesses estudos, temos descrito a surdez nos seguintes termos (SKLIAR, 1998): uma experiência visual, uma identidade múltipla e multifacetada, que se constitui em uma diferença politicamente reconhecida e localizada, na maioria das vezes, dentro do discurso da deficiência (SKLIAR, 2000, p. 11).

Daí que surgem os termos "ouvinte" e "falante" como oposição ao termo surdo, para identificar aquelas pessoas que têm experiência oral auditiva, confirmando a diferença existente entre um sujeito e outro. É necessário entendermos a surdez apenas como uma diferença, e não como uma deficiência. Uma possível compreensão do termo ouvinte é explicada por Skliar:

> A configuração do ser ouvinte pode começar sendo uma simples referência a uma hipotética normalidade, mas se

associa rapidamente a uma normalidade referida à audição e, a partir desta, a toda uma sequência de traços de outra ordem discriminatória. Ser ouvinte é ser falante e é, também, ser branco, homem, profissional, letrado, civilizado, etc. Ser surdo, portanto, significa não falar - surdo-mudo - e não ser humano (1998, p. 21).

Quando valorizamos o bilinguismo e o biculturalismo, respeitamos as possibilidades naturais dos surdos em aprender pelos meios mais favoráveis à sua educação, que são os visuais. Desse modo, facilita-se a compreensão desse aluno, e a surdez deixa de ser um impedimento à aprendizagem. É importante nos atentarmos para o oferecimento de uma educação que permita o desenvolvimento integral de qualquer sujeito, aproveitando o máximo de sua potencialidade.

Por ser uma língua de modalidade visual-espacial, a LS desempenha para os sujeitos surdos o mesmo papel da língua oral para os ouvintes. Contudo, por vivermos numa sociedade composta de ouvintes na sua maioria, a aprendizagem do surdo sofrerá influência da língua majoritária, de modalidade oral auditiva, ainda que apresentem visivelmente acentuada dificuldade na sua compreensão e uso. Por isso, não podemos deixar de observar a metodologia de contato e aprendizado da língua.

3. A metodologia de contato e aprendizado da língua: Os pais, ao descobrirem a surdez, passam por um processo de aceitação e tomada de decisão, a partir de suas concepções, sobre o futuro do seu filho. A situação inesperada de surdez traz consigo muitas dúvidas, além de falta de informação e orientação, por parte dos profissionais que acompanham a criança, no que diz respeito à necessidade do contato prematuro das pessoas surdas com a LS, como meio de garantir melhores condições de adquirir conhecimentos mais sólidos.

> Os profissionais e pais das crianças surdas devem ter consciência das consequências que a surdez provoca, ou seja, dificuldade comunicativa e de desenvolvimento das funções mentais como a abstração, memória, generalização, atenção, dedução, entre outras.
>
> Assim, devem estar sempre atentos para a necessidade de conversar e informar a criança surda. Aquilo que a criança ouvinte pode aprender informalmente, ouvindo os pais conversando, assistindo a televisão ou por intermédio de outros

informantes, a criança surda deve aprender pelo diálogo direto ou observando outras pessoas conversando em Libras (GOLDFELD, 2002, p. 166).

O despreparo dos pais e profissionais e a prevalência da visão clínica abordada nos parágrafos anteriores levaram à marginalização e à discriminação do surdo, mesmo que a falta de audição não desempenhe papel significativo para eles, já que se veem como sujeitos capazes e participantes de uma comunidade sociolinguisticamente ativa, caracterizada por compartilhar um modo de socialização diferenciado, hábitos e valores culturais distintos dos ouvintes e, principalmente, o uso da língua de modalidade visual-espacial, que não deve ser negligenciada no processo de ensino-aprendizagem (SKLIAR, 1998).

> A língua de sinais preenche as mesmas funções que a linguagem falada tem para os ouvintes. Como ocorre com crianças ouvintes, espera-se que a língua de sinais seja adquirida na interação com usuários fluentes da mesma, os quais, envolvendo as crianças surdas em práticas discursivas e interpretando os enunciados produzidos por elas, insiram-se no funcionamento dessa língua (PEREIRA, 2000, p. 121, 122).

Independentemente de a comunidade escolar em que o surdo está inserido ser regular ou especial, a equipe docente deve buscar aprender a LS, pois esse sujeito tem direito de interagir com seu professor por meio da sua língua de fluência, bem como deve ter seu processo de ensino-aprendizagem embasado numa metodologia que atenda às suas necessidades, priorizando o uso de artifícios visuais para que ele se aproprie do conhecimento, desfazendo-se da ideia de que a surdez é um impeditivo na aprendizagem.

Para Oliveira (1999 *apud* LEVY, 2009, p. 80):

> Se, por outro lado, enxergarmos o indivíduo nas suas capacidades, e não apenas no que ele não possui, como, no caso, a audição, veremos uma outra possibilidade para seu desenvolvimento. Uma delas é o canal espaço visual para a aquisição da linguagem. Isto não como uma alternativa à falta de integridade do canal oral/auditivo, mas como uma modalidade de comunicação, como uma língua que utiliza os canais visual e espacial dentro das possibilidades psicológicas humanas para a linguagem: a língua de sinais.

Em vez disso, a escola ignora as especificidades do discente surdo, muitas vezes achando que basta a presença do intérprete para que o conhecimento seja acessível a esse estudante. Além disso, utiliza metodologias e materiais didáticos para ouvintes, com ênfase na língua oral, que apresentam restrições já especificadas. Isso pode resultar na dificuldade de compreensão da maioria dos conteúdos se o estudante não tiver domínio da língua oral: "Es preciso organizar la vida del niño de tal manera que el lenguaje le resulte necesario e interesante, en cambio, que la mímica no sea para el ni interesante ni necessária"[7] (VYGOTSKY, 1997, p. 125).

Em acordo com os pensamentos de Vygotsky (1997), Tomasello (2003) afirma ainda que a linguagem natural é uma instituição social simbolicamente incorporada que emerge das condições sociocomunicativas preexistentes nos contextos sociais. O autor, nessa afirmação, confere à linguagem humana o caráter sociocultural e defende que ela se origina na comunicação. Ele acrescenta que, "para compreender e ser compreendida, é necessário que a criança entenda o propósito da comunicação (intenção comunicativa) dentro de uma ação conjunta" (TOMASELLO, 2003, p. 134).

Defensores da metodologia bilíngue, Quadros (2008) e Sá (1999) discutem essa proposta como o melhor modelo de educação de surdos, já que aprecia as características peculiares ao ser surdo, atendendo às suas reais necessidades. Consiste em estimular a utilização pelo surdo das duas línguas, a oral para interação com os ouvintes ou os não conhecedores das línguas gestuais e a LS, que deve sempre ser manobrada como primeira língua ou língua natural.

Segundo Quadros (2008):

> O bilinguismo é uma proposta de ensino usada por escolas que se propõem a tornar acessível à criança duas línguas no contexto escolar. Os estudos têm apontado para essa proposta como sendo mais adequada para o ensino de crianças surdas, tendo em vista que considera a Língua de Sinais como a língua natural e parte desse pressuposto para o ensino da língua escrita (p. 27).

Diante disso, é necessário investir em orientação e acompanhamento aos pais, no sentido de apontar-lhes a direção do bilinguismo, e na capacitação docente, para conscientização da necessidade do aluno surdo de uma metodologia de ensino própria, com sala de aula apropriada, em que predomine o modelo visual. O mais importante de todos os fatores é levar

---

[7] "É preciso organizar a vida da criança de maneira que a linguagem lhe seja necessária e interessante, e não o inverso, que a mímica seja pra ela nem interessante nem necessária" (tradução nossa).

pais e professores a perceber que a pessoa com surdez tem as mesmas possibilidades de desenvolvimento da pessoa ouvinte, só precisa que suas necessidades sejam atendidas.

Cabe citar, ainda, a importância que Vygotsky (1984, 1991) dá às brincadeiras no processo de ensino-aprendizagem; com a criança surda não é diferente. O autor reforça a naturalidade com que a criança aceita o aprendizado por meio das atividades lúdicas, já que fazem parte do mundo infantil. Por meio delas, as crianças aprendem e constroem conhecimentos para toda vida. Vygotsky (1984) ressalta que

> É no brinquedo que a criança aprende a agir numa esfera cognitiva, ao invés de numa esfera visual externa, dependendo das motivações e tendências internas, e não dos incentivos fornecidos pelos objetos externos" (p. 64).

O autor afirma, ainda, que:

> Embora possa parecer que a criança esteja aprendendo de uma maneira puramente externa, ou seja, dominando novas habilidades, o aprendizado de qualquer operação nova é, na verdade, o resultado do (além de ser determinado pelo) processo de desenvolvimento da criança. (VYGOTSKY, 1984, p. 82).

Mesmo sem diferenciar literalmente sujeito surdo de sujeito ouvinte, Vygotsky (1991) fala que as brincadeiras ganham significados diferentes ou que são manejadas de formas diferentes por cada criança, na sua individualidade, como aludido no fragmento a seguir:

> Portanto, um sistema funcional de aprendizado de uma criança pode não ser idêntico ao de uma outra, embora possa haver semelhanças em certos estágios do desenvolvimento. [...] Esse ponto de vista, que tem como finalidade ligar os substratos biológicos do desenvolvimento ao estudo de funções adquiridas cultural e historicamente, pode ser encarado de forma supersimplificada e dar origem a incorreções (VYGOTSKY, 1991, p. 82, 83).

Os três fatores anteriormente apresentados nos levam a focar as situações de modo interligado, pois, quando negligenciadas, resultam em sujeitos surdos sem preparação linguística para atuar no mundo, seja por meio da LS ou da língua oral. Dessa forma, é imprescindível extrema atenção: ao momento da descoberta da surdez; à orientação dada aos pais quanto à surdez e tudo ligado a ela; à preparação das escolas para ensinar tanto a língua portuguesa quanto a LS.

Importa-nos destacar a relevância do acesso da criança ao ambiente letrado o mais cedo possível, sendo ideal desde o nascimento. Porém, muitas vezes, há a demora do diagnóstico da surdez e a falta de conhecimento teórico dos profissionais médicos para a indicação do acompanhamento adequado com o qual os pais se conscientizem da importância do aprendizado da LS e o sujeito aprendiz perceba desde logo a existência de duas línguas — uma mais confortável, uma vez que seu aprendizado se dará naturalmente por meio dos gestos, particularmente o de apontar, que é uma das fases de aquisição da linguagem (VYGOTSKY, 1930) mesmo para os sujeitos não surdos, e uma em que ele está inserido, visual(a escrita) e culturalmente, que é a língua do país em que vive. É o que expõe Vygotsky (1930):

> A criança tenta pegar um objeto colocado além de seu alcance; as mãos, esticadas em direção àquele objeto, permanecem paradas no ar. Seus dedos fazem movimentos que lembram o pegar. Nesse estágio inicial o apontar é representado pelo movimento da criança [...]. Quando a mãe vem em ajuda da criança, e nota que o seu movimento indica alguma coisa, a situação muda fundamentalmente. O apontar torna-se um gesto para os outros. A tentativa mal sucedida da criança engendra uma reação, não do objeto que ela procura, mas de outra pessoa. [...] Somente mais tarde, quando a criança pode associar o seu movimento à situação objetiva como um todo, é que ela, de fato, começa a compreender esse movimento como um gesto de apontar. Nesse momento, ocorre uma mudança naquela função do movimento: de um movimento orientado pelo objeto, torna-se um movimento dirigido para uma outra pessoa, um meio de estabelecer relações. O movimento de pegar transforma-se no ato de apontar (p. 74).

Tomasello (2003) destaca que a aprendizagem se dá por transmissão cultural, que o sujeito se utiliza de ferramentas para a interação e a aprendizagem e que essas ferramentas são criadas para resolver problemas encontrados naquele contexto, naquele momento: "[...] uso de ferramentas que apontam para os problemas que elas foram feitas para resolver e os símbolos linguísticos, que apontam para as situações comunicativas que eles se destinam a resolver" (2003, p. 7). Podemos então entender que a apropriação do "apontar" como habilidade natural do sujeito, ouvinte ou surdo, é uma possibilidade de interação e uma ferramenta intencional para resolver o problema da comunicação instaurado no momento em que o surdo não tem a possibilidade de interagir por meio da fala.

Há, nesse ato de apontar, uma interpretação das coisas que rodeiam a criança, que resulta em interações, as quais podem ser conflituosas até a acomodação dos significados, e demonstra uma habilidade comunicativa desse ato concernente apenas aos humanos. Além disso, há a

> [...] internalização de interações discursivas que contenham vários pontos de vista conflituosos pode até ser identificada com certos tipos de processos de pensamento dialógicos exclusivamente humanos (VYGOTSKY, 1978 *apud* TOMASELLO, 2003, p. 13).

Vale ressaltar que, embora o autor não destaque especificamente o ato de apontar, enfoca, em suas pesquisas, a "atenção conjunta" dos atos — apontar, olhar, se aproximar — e afirma que a falta de valorização desse conjunto pode gerar falhas na concretização da comunicação.

Desde a década de 1960 do século XX, pesquisas realizadas pelo pioneiro Tervoort, na Bélgica, Holanda e nos Estados Unidos (1961, p. 436), com base nas teorias psicolinguísticas, deram importância à comunicação caseira de crianças surdas, destacando a grande importância dos "gestos" primários nos contextos familiares e escolares, uma vez que demonstravam articulação de instrumentos comunicativos, como soletração, fala e sinais já estabelecidos na língua. Os gestos, como recurso de comunicação, foram chamados de "simbolismo esotérico", termo e conceito dispensado por Behares (1997, p. 64), quase uma década depois, por entender que esse simbolismo dificulta o processo de aquisição de linguagem, já que não se desvia da formalidade da língua oral e da língua gestual.

Encontramos diversas e curiosas nomenclaturas para se referir ao sujeito surdo desprovido de uma língua formal. Lima (2004) diminui a importância dessa comunicação familiar dando nomes, como: "linguagem umbilical" (p. 28), "gestos naturais" (p. 161), "embrião de linguagem" (p. 162) e "mímica" (p. 257).

Rosa, Goes e Karnopp (2004) usam o termo "sinais caseiros" para a comunicação entre filhos surdos e pais ouvintes, antes do contato com a escrita da língua oral, e evidenciam que a criação de um alfabeto também "caseiro" denota "[...] a presença de idioletos, de sinais caseiros, criados em situações de não contato de surdos com a comunidade surda" e que "[...] a datilologia evidencia a presença de idioletos, de sinais caseiros, criados em situações de não contato de surdos com a comunidade surda" (p. 266).

Para Rosa, Goes e Karnopp (2004), esses sinais são substituídos sumariamente ao contato com a LS por intermédio de outros surdos, reservados alguns sinais para o convívio familiar. Segundo os autores, esse é um processo natural para o sujeito bilíngue, uma vez que tais sinais continuam presentes na família. Albres (2005, p. 4-5) chama atenção para a semelhança no uso dos termos "gestos naturais" e "sinais caseiros", apontando, em seus estudos, uma "construção simbólica" entre parentes ouvintes e crianças surdas, utilizada no espaço familiar como "recurso" de comunicação, denunciando a resistência à LS por acreditarem no fracasso da oralização no momento da aprendizagem dessa língua visual-espacial.

Silva (2005, p. 31-35; 2008, p. 398) faz uso da expressão "língua de sinais caseira" para sinais utilizados no contexto familiar em que os adultos não conhecem a LS oficial e interagem a partir de sinais criados em casa. Algumas vezes são estendidos à escola, onde também encontram adultos sem conhecimento da LS e que aprendem esse "jeito" de se comunicar.

Gesser (2006, p. 63, 67) igualmente defende essa ideia e advoga ser esse conjunto de signos "mais uma variedade em sinais" que faz parte de um agrupado de recursos — a fala, a escrita, a leitura labial entre outros necessários para a efetivação da interação). O autor afasta as suposições de esse conjunto ser uma suposta língua "crioula" ou "pidgin"[8] (p. 63-64), por entender que esses conceitos desclassificam a linguagem caseira e representam uma imagem distorcida do sistema linguístico, tido por ele como heterogêneo e vivo, de criação constante, livre de "camisa de força conceitual".

O trabalho de Dalcin (2006, p. 194-196), no entanto, que busca compreender as características da aprendizagem tardia da LS, não reconhece os "sinais caseiros" como língua, afirma ser um código inventado de cunho "pobre" quando comparado à LS propriamente dita, usado especificamente na situação familiar, isolada e limitadamente, para sanar a "inércia social e subjetiva" em que se encontra o surdo. Isso, segundo a autora, gera comunicação fragmentada, desestruturada, envolta por gestos soltos e sem perspectiva de evolução, uma vez que se torna suficiente para o mútuo entendimento entre familiares. A autora vai além e defende que o indivíduo que se atém a esse meio de comunicação torna-se um "sujeito sem língua", já que não é impelido a utilizar a língua oral, se eximindo também do contato com as culturas das duas línguas — oral e auditiva (DALCIN, 2006, p. 212).

---

[8] Segundo Couto (2004), "pidgin" é uma língua de contato que surge da necessidade de interação imediata, diferentemente da língua crioula, que diz respeito a uma língua natural, normalmente advinda do "pidgin".

A doutora surda Vilhalva (2009, p. 37), por sua vez, retrata ter observado, em pesquisas realizadas em etnias indígenas, a pluralidade das línguas de sinais caseiras, que ela chama de "línguas de sinais familiares" (p. 21), uma vez que a cada família em que encontrava um surdo, deparava-se com uma forma diferente de código linguístico doméstico.

Ela também defende, como Souza e Segala (2009), que os "gestos caseiros" nascem do contato e evoluem para o status de "línguas de sinais emergentes" — termo utilizado por esses autores — que, por sua vez, se desenvolve crescentemente até tornar-se "língua de sinais". Souza e Segala (2009) ainda advogam que as línguas de sinais surgem não somente do contato entre línguas, mas também das "línguas de sinais primárias", resultado de um processo de pidgin seguido de crioulização. Mencionam que essa: "[...] nasceu do contato entre duas ou mais línguas ou de uma língua e sistema de sinais caseiros ([denominada pelos autores de] Línguas de Sinais Primárias), num processo de pidgin seguido de crioulização" (p. 27).

Di Donato, Coelho e Carvalheira (2010, p. 8) entendem "sinais caseiros" como a interação surgida no seio da família, utilizada apenas entre seus participantes; já os "gestos naturais" e o "pidgin" seriam meios de interação estabelecidos entre alunos surdos e profissionais ouvintes que trabalham diretamente com eles, não se constituindo língua, mas um código linguístico estabelecido socialmente, que nasce da necessidade de interação.

Nader (2011, p. 102) entende a língua caseira como língua materna, mas a diferencia de língua natural, já que esta envolve uma gama muito maior de personagens a utilizar um mesmo código linguístico e não se restringe a três ou quatro membros de uma família.

Já McCleary e Viotti (2011, p. 302) argumentam serem os gestos informais de comunicação parte intrínseca tanto da LS como das línguas orais, dando relevância ao status da "língua caseira", tornando-a parte integrante da língua formal.

"Simbolismo esotérico", "embrião de linguagem", "linguagem umbilical", "recurso", "gestos", "mímicas", "língua de sinais primária", "sinais emergentes", "pidgin", "língua crioula" ou simplesmente "língua"; é da interação afetiva entre pai/mãe/familiares-ouvinte com o surdo que se dá o conjunto de signos que denominamos, neste trabalho, a partir dos estudos e dados por nós realizados, "linguagem afetiva" ou "sinais afetivos". De acordo Tassoni (2000):

> Existe uma grande divergência quanto à conceituação dos fenômenos afetivos. Na literatura encontra-se, eventualmente, a utilização dos termos afeto, emoção e sentimento, aparentemente como sinônimos. Entretanto, na maioria das vezes, o termo emoção encontra-se relacionado ao componente biológico do comportamento humano referindo-se a uma agitação, uma reação de ordem física. Já a afetividade é utilizada com uma significação mais ampla, referindo-se às vivências dos indivíduos e às formas de expressão mais complexas e essencialmente humanas (p. 234).

O aporte teórico/metodológico que sustenta a defesa desse termo fundamenta-se em Vygotsky (1998b), o qual nos revela haver "[...] uma conexão geral entre as emoções do homem e as reações afetivas e instintivas correspondentes que se observam no reino animal" (p. 80) e que, para a produção de emoções, é necessária uma vinculação com o contexto em que se vive, fundamental para a constituição dos sujeitos, na atribuição de significados para o que os cercam. O autor defende a relação dialética entre "cognição e afetividade", assumida por diversos estudiosos posteriormente.

Para ele, essa conexão, com as experiências vivenciadas pelos sujeitos na interação, resulta no processo de desenvolvimento físico e mental; no desenrolar desse processo, as emoções vão se transformando, constituindo-se em um fenômeno histórico-cultural, por meio dos domínios crescentes de ferramentas culturais.

Nesse processo de desenvolvimento humano e aprendizado, Vygotsky (1984) chama atenção para a carga de responsabilidade da linguagem, já que ela é parte intrínseca de uma cultura; mesmo sendo produto de um grupo, cada sujeito tem seu modo particular de perceber o mundo, de agir, de falar, de pensar, tendo extrema relevância nas interações na construção do conhecimento.

> [...] o aprendizado desperta vários processos internos de desenvolvimento, que são capazes de operar somente quando a criança interage com pessoas em seu ambiente e quando em cooperação com seus companheiros. Uma vez internalizados esses processos tornam-se parte das aquisições do desenvolvimento independente das crianças (VYGOTSKY, 1984, p. 101).

De nossa parte, é fundamental elucidar a importância da afetividade no processo de aprendizagem da criança, já que é constituinte dos laços que se estabelecem em suas primeiras interações, na família. O autor demonstra, em seus estudos, a importância das relações na constituição do sujeito; não só nas relações entre os sujeitos, mas também dele com o meio, ou seja, a partir da realidade histórica, social e cultural em que se insere.

Com base nesse pensamento, começamos a refletir sobre a relação das pessoas com limitações físicas, que Vygotsky denomina deficientes; segundo ele, essas deficiências, tidas como "anormalidade social da conduta" (VYGOTSKY, 1997), geram relações diferenciadas do sujeito com o mundo e do sujeito com os sujeitos.

Ora, o olhar diferenciado da sociedade sobre o sujeito gera afastamento, limitando a forma de convívio com os outros não iguais a ele, "os normais". Para Vygotsky (1997), esse é o principal fator que limita a condição do sujeito para se desenvolver com efetividade, uma vez que a sociedade pode superar as deficiências físicas por meio da cultura.

Notamos ainda nessa concepção que esse sujeito para o autor: "[...] é um estado normal e não patológico [...], e ele só percebe (*a deficiência*) indiretamente, secundariamente, como resultado do reflexo social nele" (VYGOTSKY, 1997, p. 79), conceito que podemos estender a outras limitações. Logo, se a criança não se percebe "deficiente", ela estrutura suas funções a partir de como ela se vê, ou seja, reorganiza suas funções em seu meio de vivência até que a sociedade leve-a a se perceber diferente da maioria, o que gera sentimentos de limitação e exclusão.

Padden e Humphies (1999) exoram que ao surdo é desvelada a surdez, já que a ele não pesa sentimento de perda, ou seja, o surdo pode se desenvolver, apesar da sua lesão, uma vez que para ele não há um sentimento de perda; ele se utiliza da compensação para modificar as direções das funções a partir do contexto em que vive, o que nos leva a refletir sobre os pressupostos do desenvolvimento da criança surda.

Considerando a necessidade de comunicação do sujeito surdo, natural a todo ser humano, acreditamos, com esses autores, que ele organiza sua forma de comunicação na percepção da falta da fala e da audição — encontra no gesto de apontar e na criação de gestos o meio de interagir com as pessoas, desenvolvendo, aquilo que, no âmbito deste trabalho, nomeamos **sinais afetivos**.

Ao chegar à escola, ou ao ter contato com surdos que já se utilizam da LS formal, esse sujeito se depara com a mesma forma de interação, mas com léxicos diferentes para os significantes que utilizava anteriormente, e, naturalmente, vai se dando a aquisição e ampliação do léxico. Entretanto, acreditamos que os sinais afetivos podem ser completamente substituídos se seus pares familiares também tiverem acesso a LS formal. Se isso não acontecer, o sujeito surdo manterá seus sinais afetivos em seu lar e utilizará a LS em seus contatos sociais na comunidade surda.

Vygotsky (1997) acredita que esse contexto de aprendizagem se reflete na forma de educar e, portanto, no aprendizado desse sujeito. Nesse sentido, o autor alerta para as funções psicológicas nesse processo e como os professores precisam observar as limitações, não priorizando a deficiência e o desejo de "normalizá-lo", mas combatendo os conflitos sociais que esse aprendiz enfrenta.

> A cegueira ou a surdez como fatos psicológicos não existem para o próprio cego e surdo. [...] Gostaria de demonstrar para o pedagogo, quer dizer, para a pessoa que se aproxima da pessoa cega com a intenção de educá-la, que existe não tanto a cegueira como um fato diretamente biológico, quanto às consequências sociais deste fato, as quais há que se levar em conta. [...] Quando temos diante de nós um cego, como objeto da educação, temos que ver não tanto com a cegueira por si mesma, como com os conflitos que se tornam presentes na criança cega ao entrar na vida, quando tem lugar a substituição dos sistemas que determinam todas as funções da conduta social da criança. E por isso me parece que, do ponto de vista pedagógico, a educação da criança se limita a retificar totalmente estes desajustes sociais. [...] A tarefa da educação consiste em incorporar na criança a vida e criar a compensação do seu defeito físico. A tarefa se reduz a que a alteração do laço social com a vida seja feito por alguma outra via (VYGOTSKY, 1997, p. 43-44).

O teórico persegue a ideia de combater o olhar da sociedade sobre esse sujeito e defende algo muito interessante para se refletir sobre a diferença:

> O cego seguirá sendo cego, e o surdo, seguirá sendo surdo, mas deixarão de ser deficientes, porque a deficiência é um conceito social [...]. A cegueira em si não faz a criança deficiente, não é um defeito, uma deficiência, uma carência, uma enfermidade. Chega a ser só em certas condições sociais de existência do cego. É um signo da diferença entre sua conduta e a conduta dos outros. A educação social vencerá a deficiência (VYGOTSKY, 1997, p. 82).

As ideias desse teórico brilhante são pesquisas do século passado, mas se alinham perfeitamente à realidade vivida nos dias atuais, em que tanto se "grita" por inclusão e, principalmente na comunidade surda, pelo bilinguismo, ou seja, o direito do surdo de ter acesso às duas línguas (LS e língua portuguesa, nessa ordem de prioridade) desde seu nascimento ou descoberta da surdez, levando à efetiva inclusão, e não apenas à redução da obrigatoriedade da aprendizagem escolar, na eterna busca de moldá-los às necessidades da sociedade e à "normalidade". Sem fixar-se na limitação, no defeito e na compensação biológica do defeito físico, não se gera um entrave de convivência em grupos de pares de mesma deficiência, nem se criam pequenos mundos apartados da sociedade, resultado de uma educação para antissociabilidade.

> Apesar de todos os méritos, nossa escola especial se distingue pelo defeito fundamental de que ela limita seu educando (ao cego, ao surdo mudo, e ao deficiente mental), em um estreito círculo do coletivo escolar; cria um mundo pequeno, separado e isolado, no que tudo está adaptado e acomodado ao defeito da criança, tudo fixa sua atenção na deficiência corporal e não incorpora a verdadeira vida. Nossa escola, em lugar de retirar a criança do mundo isolado, desenvolve geralmente na criança hábitos que a levam a um isolamento ainda maior e intensifica sua separação. Devido a estes defeitos não só se paralisa a educação geral da criança, senão que também sua aprendizagem especial às vezes se reduz a zero (VYGOTSKY, 1997, p. 41).

Continua:

> [...] não se pode dizer que não há conhecimentos especiais para os cegos, os surdos e os deficientes mentais. Porém estes conhecimentos e sua preparação é necessária subordiná-la à educação geral, à preparação geral. Pedagogia especial deve ser "dissolvida" na atividade geral da criança (VYGOTSKY, 1997, p. 47).

Assim, como qualquer criança pode crescer bilíngue se seus pais tiverem nacionalidades diferentes, o surdo pode aprender as duas línguas concomitantemente. Basta possibilitar-lhe o contato com elas.

Esse contato com as convenções da linguagem que rodeiam a criança ou que a ela são direcionadas deve ocorrer o mais cedo possível, pois vemos uma abordagem de "uma teoria de aquisição da linguagem baseada no uso"

(TOMASELLO, 2003) que nos leva a reafirmar a possibilidade de o surdo aprender as duas línguas se for possibilitado a ele o contato com elas.

Vygotsky (1989) aponta a diferença da aprendizagem da linguagem entre uma criança com o intelecto e os sentidos intactos e uma criança com limitação, uma vez que a sociedade enquadra o ser humano numa normalidade, e, na concepção social, se o sujeito não se encaixa nessa "tipagem biológica", não é capaz de aprender, principalmente quando se trata dos sujeitos surdos que, ainda na concepção social, para aprender a língua do país, precisam da função auditiva intacta, já que a língua portuguesa é de modalidade oral auditiva. Logo a problemática se encontra no modo social de enxergar o surdo, e não na deficiência em si.

Para que o surdo aprenda, é necessário que ele se utilize de uma língua que lhe possibilite interagir com outros sujeitos e com o meio, resultando em aprendizagem e desenvolvimento promissores, dependendo da qualidade dessas interações sociais vivenciadas. Não somente isso, segundo Vygotsky (2003), para que a aprendizagem ocorra por meio dessas experiências empíricas, é preciso também contar com a afetividade nesse processo de progressão cognitiva, pois são, segundo o autor, indissociáveis.

Para Vygotsky (2001), não há como separar cognição e afetividade:

> Como se sabe, a separação entre a parte intelectual da nossa consciência e sua parte afetiva e volitiva é um dos defeitos radicais de toda a psicologia tradicional. [...] Quem separou desde o início o pensamento do afeto fechou definitivamente para si mesmo o caminho para a explicação das causas do próprio pensamento, porque a análise determinista do pensamento pressupõe necessariamente a revelação dos motivos, necessidades, interesses, motivações e tendências motrizes do pensamento, que lhe orientam o movimento nesse ou naquele aspecto (p. 15-16).

Compreendemos, nessa perspectiva, a importância de valorizar os primeiros passos linguísticos do surdo, os sinais afetivos, que é a comunicação a partir do convívio familiar. São os sinais criados pela própria criança, em tenra idade, para interação com seus primeiros interlocutores. Surgem simples e puramente do afeto e da necessidade de interação comum a qualquer humano.

Não podemos ignorar que a construção do conhecimento advém de um intenso processo de interação entre os sujeitos. Vygotsky afirma ainda que

> [...] no desenvolvimento cultural da criança, todas as funções no desenvolvimento da criança aparecem duas vezes: primeiro, no nível social, e, depois no nível individual; primeiro entre pessoas (interpsicológica), e, depois, no interior da criança (intrapsicológica) (1930, p. 75).

De maneira semelhante, Vygotsky (1993, 1998b) se posiciona defendendo o ser humano como inicialmente biológico, num posicionamento filogenético da espécie, mas que, ao ser inserido na cultura, inevitavelmente virá a se constituir ser sócio-histórico, ou seja, sua teoria defende que os sujeitos nascem com suas funções biológicas elementares, e que o desenvolvimento de funções superiores ocorre através de seu convívio social e cultural.

Wallon (1959) defende posições semelhantes quanto à constituição biológica e à interferência da relação social no desenvolvimento do sujeito:

> [...] a constituição biológica da criança ao nascer não será a lei única do seu futuro destino. Os seus efeitos podem ser amplamente transformados pelas circunstâncias sociais da sua existência, onde a escolha individual não está ausente (p. 288).

Nesse contexto, a afetividade assume um papel importante no desenvolvimento do sujeito.

O conceito de afetividade tem um sentido amplo que envolve sentimentos (origem psicológica) e emoções (origem biológica), como distingue Wallon (1959, 1968). Tanto esse autor quanto Vygotsky (1993) asseveram que há uma ligação intrínseca entre cognição e afetividade e reforçam a análoga importância entre pensamento e emoção.

Wallon (1959, 1968, 1975) baseou seus estudos teóricos sobre o processo de desenvolvimento do sujeito em quatro pilares que ele chama de "núcleos funcionais": a afetividade, a cognição, o movimento e a pessoa. Para ele, é mediante a interação desses quatro núcleos que o processo de desenvolvimento acontece. Ele propõe que o biológico e o social são indissociáveis, mas sobressalta seu olhar para a indissociação da afetividade e da cognição nas diversas etapas do desenvolvimento, como bem lembra Almeida (2000) ao falar da teoria walloniana: "a inteligência não se desenvolve sem afetividade, e vice-versa, pois ambas compõem uma unidade de contrários" (p. 29).

Nas palavras de Vygotsky (2000), encontramos:

> O aspecto emocional do indivíduo não tem menos importância do que os outros aspectos e é objeto de preocupação da educação nas mesmas proporções em que o são a inteligência e a vontade. O amor pode vir a ser um talento tanto quanto a genialidade, quanto a descoberta do cálculo diferencial (p. 146).

A afetividade estará presente em todas as etapas da vida do sujeito, e seu início se dá com seus primeiros interlocutores, seus familiares, com os vizinhos, professores, colegas de escola etc., em toda sua vida.

> As reações emocionais exercem uma influência essencial e absoluta em todas as formas de nosso comportamento e em todos os momentos do processo educativo. Se quisermos que os alunos recordem melhor ou exercitem mais seu pensamento, devemos fazer com que essas atividades sejam emocionalmente estimuladas. A experiência e a pesquisa têm demonstrado que um fato impregnado de emoção é recordado de forma mais sólida, firme e prolongada que um feito indiferente (VYGOTSKY, 2003, p. 121).

No escopo deste trabalho, importa-nos refletir sobre a importância da afetividade e dos sinais afetivos como base para um desenvolvimento de maior qualidade para surdo. Acreditamos que esse aprendizado inicial prepara o sujeito tanto para a aprendizagem da LS quanto para as demais interações do sujeito ao longo de sua vida. Assim como o ouvinte, ele iniciará sua comunicação com palavras/sinais aprendidos nas primeiras interações, familiares, que o levará para as próximas interações, com modificações durante seu desenvolvimento. Nessa perspectiva, não se deve mais restringir a questão do processo ensino-aprendizagem apenas à dimensão cognitiva, mas entender alguns pressupostos aqui assumidos.

Assim podemos elencar as semelhanças encontradas em Wallon e Vygotsky sobre o fenômeno em pauta: a afetividade. Ambos a interpretam em uma concepção desenvolvimentista, a qual se inicia no setor biológico e ganha complexidade à medida que o sujeito se desenvolve imerso na sociedade e, consequentemente, na cultura à qual pertence, passando a agir na ordem do simbólico, alargando e complexificando seu modo de atuação na sociedade. Eles ainda advogam em unidade pelo caráter social da afetividade e do papel fundante dessa em conjunto à inteligência no processo do desenvolvimento humano.

Também é interessante lembrar que, na aprendizagem de um sujeito surdo, desde seu nascimento, ocorre uma maior exploração peculiar da visão, devido à perda da audição, sendo importante o que Vygotsky (1997) nomeou de "compensação". Essa vem a ser a habilidade natural do ser humano em achar alternativas compensatórias para a completude do seu desenvolvimento, ou seja, quando da perda de uma função física, o sujeito, naturalmente, acha meios de compensá-la por meio de outras funções que passam a ser "superempregadas".

> Cualquier insuficiencia física – sea la ceguera o la sordera – no solo modifica la relación del niño con el mundo, sino que, ante todo, se manifiesta en las relaciones con las personas. "El defecto orgánico se realiza como anormalidad social de la conducta" (VYGOTSKY, 1983 p. 116).[9]

Um dos principais focos do trabalho de Vygotsky (1997) é o desenvolvimento e a aprendizagem. Sobre esses aspectos, o autor dá atenção especial à situação da criança com deficiência e se dedica inclusive a estudar as questões da aquisição da linguagem pelo surdo, enfatizando que a modalidade da língua oral tem uma dependência inegável da audição. O autor valoriza a aprendizagem natural no contexto em que acontece; no caso dos surdos, embora não estude especificamente a LS, Vygotsky reforça a importância da valorização das habilidades naturais desses sujeitos e tece duras críticas aos métodos de ensino-aprendizagem utilizados à época, por observar que contrariavam sua natureza. O oralismo, além de impor algo que contraria as capacidades naturais e os interesses dos surdos, leva à exclusão do meio ambiente natural e ao isolamento das escolas especiais proporcionam. "Pero todos sabemos bien que cosa poco sólida es esta - apoyarse en la educación únicamente en los esfuerzos conscientes del alumno que son contrários a sus intereses y costumbres fundamentales" (VYGOTSKY, 1997, p. 119).

O autor ressalta que se deve compreender, nessa dinâmica, a natureza da aprendizagem do surdo no que diz respeito à compensação da surdez pela visão e pelo tato, bem como o contexto do uso da linguagem a ser apreendida pela estimulação do seu desenvolvimento.

Para o autor, é necessário entendermos como lidar com o surdo. É imprescindível primeiramente conhecer sua limitação, seu grau de surdez, como se dá seu desenvolvimento; não supervalorizar o aspecto da deficiência,

---

[9] Qualquer insuficiência física, seja cegueira ou surdez, não só modifica a relação da criança com o mundo, mas, antes de tudo, se manifesta nas relações com as pessoas. "O defeito orgânico se realiza como anormalidade social de conduta" (tradução nossa).

mas o que será utilizado naturalmente por esse sujeito para compensar sua perda.

> Em suas observações (clínicas e de pesquisa) e protocolos de/ com crianças com diferentes processos de desenvolvimento, inclusive surdas e/ou cegas, Vygotsky sempre se baseou em um enfoque qualitativo, que tentava captar a organização peculiar de suas funções e condutas. Ele não concebia as "deficiências" (*defectologia*) em termos de diminuição quantitativa de determinadas funções, mas de uma organização qualitativa diversa (ROJO, 2010, p. 30).

Os estudos de Vygotsky buscam aproximar das crianças com deficiências os processos de aprendizagem utilizados para as crianças ditas "normais", focando as particularidades positivas, e não na deficiência em si:

> Diferenças tidas como de base biológica ou fisiológica (síndrome de down, PCs, surdez, cegueira, afasias, *borderlines*), de base psicológica (psicoses, autismo, retardos de linguagem, gagueira) ou de aprendizagem (dificuldades psicomotoras, de aprendizagem), ficam aqui vistas como processos diversos de construção da consciência e do sujeito, que devem ser estudados e em relação aos quais a intervenção deverá ser feita na base de sua positividade e não de sua negatividade. Isto é, naquilo que eles têm, como processos, de próprio e não de diferente em relação àquilo que é tido como a "normalidade" (ROJO, 2010, p. 31).

A interação entre mãe e filho se dá naturalmente por meio do olhar, de acenos, do choro, do gesto de apontar, do uso de objetos etc., até estabelecer um padrão de comunicação com os familiares mais próximos. A essa forma de linguagem, de interação dos sujeitos surdos com a sua família, em seu meio social mais íntimo, chamaremos, partindo das considerações vygotskyanas, de sua "linguagem afetiva".

Rojo (2010, p. 26) diz que:

> Para ele (Vygotsky), no princípio, o gesto de apontar é simplesmente um movimento de pegar fracassado, dirigido ao objeto e que representa a ação iminente. Essa é a situação que serve de ponto de partida para todo o desenvolvimento posterior do gesto indicativo [...] Por isso, podemos chamá-lo de *gesto indicativo em si*.

Vygotsky (2001) afirma como falha extrema a separação do "intelecto" do "afetivo", uma vez que:

> [...] o pensamento se transforma inevitavelmente em uma corrente autônoma de pensamentos que pensam a si mesmos, dissocia-se de toda a plenitude da vida dinâmica, das motivações vivas, dos interesses, dos envolvimentos do homem pensante e, assim, se torna ou um epifenômeno totalmente inútil, que nada pode modificar na vida ou no comportamento do homem, ou uma força antiga original e autônoma que, ao interferir na vida da consciência e na vida do indivíduo, acaba por influenciá-las de modo incompreensível (p. 16).

O autor nos revela, em suas pesquisas, caminhos para a compreensão tanto do pensamento e da linguagem quanto para o papel da afetividade na consciência humana, buscando entender essa abordagem de forma abrangente, esquadrinhando a união da dimensão afetiva da criança com a formação das funções psicológicas superiores.

O estudioso leva em conta também os estados de afetividade, como motivação, ansiedade, medo, estresse, competição, tensão etc., uma vez que podem influenciar não só o aprendizado, mas também a prática linguística, resultando em dificuldade para compreender a comunicação.

> Portanto, os problemas tradicionalmente apontados como característicos da pessoa surda são produzidos por condições sociais. Não há limitações cognitivas ou afetivas inerentes à surdez, tudo dependendo das possibilidades oferecidas pelo grupo social para seu desenvolvimento, em especial para a consolidação da linguagem (GÓES, 1996, p. 38).

Desse ponto de vista, é preciso que o surdo interaja com os pais e a família o mais cedo possível, por meio da linguagem, como forma de solidificação de laços sociais e pessoais, bem como deve direcionar a instauração dessa visão complexa, que envolve a relação entre razão e emoção, tornando imprescindível a atenção à esfera afetiva da criança.

CAPÍTULO 3

Através dos outros, nos tornamos nós mesmos.

(Lev Semiónovich Vygotsky)

METODOLOGIA DA PESQUISA

A presente pesquisa pauta-se no paradigma das pesquisas qualitativas e parte de um estudo de caso de um sujeito surdo, bem como de sua história de vida, suas interações, aprendizagens e seu desenvolvimento, notadamente diverso de seus colegas nas mesmas condições e níveis escolares.

O estudo de caso, como modalidade de pesquisa qualitativa, tem sido cada vez mais usado como instrumento de investigação, nas mais variadas áreas do conhecimento. Segundo Gil (1995), é um método de pesquisa flexível, que estuda mais profundamente um ou mais objetos. O autor define quatro fases para sua realização: delimitação da unidade-caso; coleta de dados; seleção, análise e interpretação dos dados e elaboração do relatório.

De acordo com Yin (2005, p. 32 *apud* GIL, 2008, p. 57):

> O estudo de caso é um estudo empírico que investiga um fenômeno atual dentro do seu contexto de realidade, quando as fronteiras entre o fenômeno e o contexto não são claramente definidas e no qual são utilizadas várias fontes de evidência.

É um trabalho de difícil realização, já que exige análise e interpretação, e muitas vezes é tomado como base para outros trabalhos que complementem sua verificação

> É uma categoria de pesquisa cujo objetivo é uma entidade que se analisa profundamente. Pode ser caracterizado como um estudo de uma entidade bem definida, como um programa, uma instituição, um sistema educativo, **uma pessoa** ou uma unidade social. Visa conhecer o seu "como" e os seus "porquês", evidenciando a sua unidade e identidade própria. É uma investigação que se assume como particularística, debruçando-se sobre uma situação específica, procurando descobrir o que há nela de mais essencial e característico (RODRIGO, 2008, p. 3, grifo nosso).

Escolhemos essa metodologia tendo em vista as questões por nós levantadas. Quando decidimos pesquisar sobre o processo ensino-aprendizagem dos surdos e pensamos nas diversas histórias de fracassos comumente contadas por profissionais da área, recordamo-nos de um único caso com que nos deparamos que se contrapõe aos insucessos da vida educacional de sujeitos surdos, por isso entendemos ser pertinente investigar os motivos da eficácia e do sucesso do processo ensino-aprendizagem desse sujeito que apresentava resultados de sucesso escolar tão diverso dos demais. Para tal, recorremos à análise de narrativas, buscando compreender a constituição de um sujeito surdo cuja aprendizagem e desempenho linguístico em língua portuguesa se diferenciam, em muito, dos demais sujeitos surdos em idade e escolaridade semelhantes.

Dessa forma, reunimos um corpus de narrativas da mãe, que relata desde a gravidez, passando pelo nascimento e pela descoberta da surdez, até as atitudes e decisões que tomaram sobre o desenvolvimento do filho surdo.

Nesse sentido, procuramos observar — mediante a análise da importância da interação e da afetividade para o desenvolvimento da criança — as mediações e experiências vivenciadas pelo sujeito nas relações familiares e, particularmente, o processo de transição dos sinais por nós denominados "afetivos" para a LS formal.

Para tal, nossa investigação objetiva:

1. Averiguar e discutir como as interações influenciam o aprendizado e o desenvolvimento de um sujeito surdo;

2. Investigar a influência da afetividade para o desenvolvimento da criança surda.

A partir desses objetivos, buscamos responder às seguintes questões de pesquisa:

1. De que forma as interações influenciam o aprendizado e o desenvolvimento de um sujeito surdo?

2. A afetividade nas relações familiares da criança surda pode influenciar seu desenvolvimento?

Para encontrar respostas, nosso trabalho considera os sujeitos, os fenômenos e o contexto, cuja dimensão social, histórica e cultural deve ser levada em conta na observação e análise dos dados.

Nessa perspectiva, esta investigação qualitativa, de caráter sócio-histórico e cultural, se enquadra no paradigma das pesquisas em Linguística Aplicada, que se caracterizam também por apresentar reflexões sobre novas propostas práticas de intervenção pedagógica no processo de ensino-aprendizagem.

O método qualitativo é flexível e contextual; trabalha com dados coletados sem o intuito de obter números e não usa instrumentos estatísticos, mas conta com a observação do participante, a análise e intepretação dos dados, bem como com a subjetividade que esses dados revelarão.

Dalfovo, Lana e Silveira (2008) identificam características do método qualitativo em seus estudos:

> a) os dados são coletados preferencialmente nos contextos em que os fenômenos são construídos;
>
> b) a análise de dados é desenvolvida, de preferência, no decorrer do processo de levantamento destes;
>
> c) os estudos apresentam-se de forma descritiva, com enfoque na compreensão à luz dos significados dos próprios sujeitos e de outras referências;
>
> d) a teoria é construída por meio de análise dos dados empíricos, para posteriormente ser aperfeiçoada com a leitura de outros autores;
>
> e) a interação entre pesquisador e pesquisado é fundamental, razão pela qual se exige do pesquisador diversos aperfeiçoamentos, principalmente em técnicas comunicacionais;
>
> f) a integração de dados qualitativos com dados quantitativos não é negada, e sim a complementaridade desses dois modelos é estimulada (p. 10).

3.1 O SUJEITO DA PESQUISA

O sujeito desta pesquisa é um surdo bilateral[10], com perda auditiva sensorial profunda[11] de 100 dB[12], diagnosticada pela realização do exame objetivo indolor e não invasivo, conhecido como "BERA", sigla americana para Brainstem Evoked Response Audiometry, que significa Exame do Potencial Evocado Auditivo do Tronco Encefálico. Esse exame tem por finalidade investigar a integridade das vias auditivas do ouvido interno, detectando ou não a existência de perda auditiva, seja na cóclea, no nervo auditivo e na via auditiva central localizado no tronco encefálico.[13] O resultado diagnosticou que Caio (pseudônimo do sujeito surdo desta pesquisa) tinha uma perda auditiva severa causada por danos nas células ciliadas da cóclea. Apresentamos, a seguir, uma imagem do ouvido humano para melhor identificação dos termos citados.

Figura 1 – As partes do ouvido: externo, médio e interno

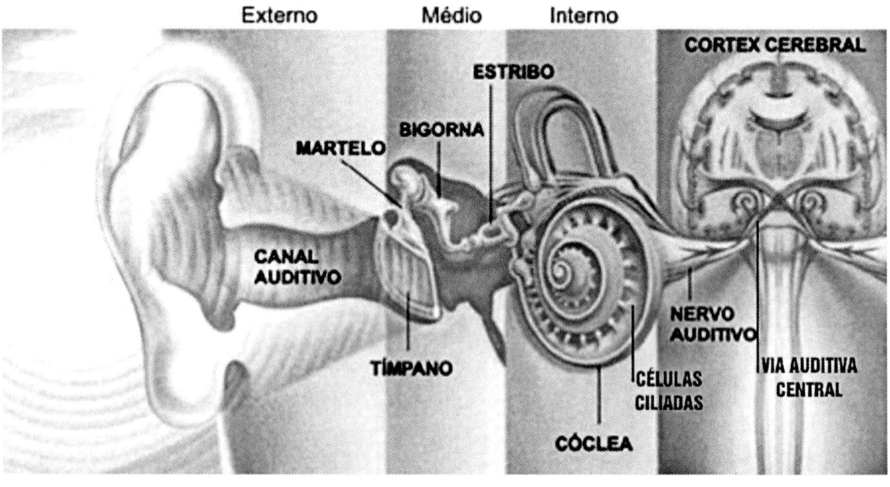

Fonte: http://www.akousis.com.br/como-a-audicao-funciona/ (adaptada)

Nos primeiros contatos com Caio - na época, aluno do 1º ano do ensino médio -, nitidamente percebemos que seu rendimento escolar era

---

[10] Surdez em ambos ouvidos.
[11] A perda sensorial diz respeito à ausência ou lesão das células ciliares coclear total da audição.
[12] Unidade de medida usada para na aferir a intensidade do som
[13] Dados técnicos retirados do material didático *Aspectos Biológicos da Deficiência Auditiva*, de Villar e Junior (2008).

mais avançado do que a maioria dos colegas de mesmo nível escolar e que sua criticidade era incomum se comparada aos outros estudantes. Nas aulas de física, por exemplo, quando 90% da turma não conhecia os conteúdos ali ministrados, ele e mais um ou dois alunos já sabiam do que se tratava e mantinham participação ativa durante a ministração da aula, o que levou uma de suas professoras a perguntar diretamente a ele se estava repetindo o ano letivo; ele respondeu que não, apenas era muito curioso, e sua mãe lhe dava acesso a livros mais avançados para que fizesse um tipo de "preparação" para os conteúdos que estariam por vir nas disciplinas subsequentes.

Alguns fatos decorrentes do comportamento de Caio despertaram nosso interesse, como seu modo de lidar com os conteúdos ministrados em sala e o conhecimento elevado que possuía desses. Participava das atividades propostas com ávido interesse, perguntava suas dúvidas sem constrangimento, participava vivamente das atividades em grupo, interagindo de forma espontânea, apresentava características semelhantes a todos os alunos que comumente vemos nas salas de aula, brincalhão, atencioso, ajudador, interessado, curioso. Em todos os contextos vivenciados na escola, não se autodiferenciava por ser surdo. Tais características nos incomodaram e nos impulsionaram a averiguar informações acadêmicas desse sujeito com sua mãe Júlia (pseudônimo), que nos contou como se deu sua história de vida em relação aos estudos de Libras, da língua portuguesa, dos fatos sociais, conceitos da vida etc.

Caio iniciou sua vida escolar na educação infantil numa escola municipal regular, ou seja, que atende alunos ouvintes, próximo da sua residência, com apenas 4 anos de idade. À época não existia creche pública, e era somente permitido estudar crianças com idade a partir de 6 ou 7 anos, o que levou Júlia à Secretaria de Educação do Município para solicitar autorização para seu filho frequentar a escola de modo informal, com o intuito de oportunizar a interação com outras crianças, pelo menos em dias alternados. Assim, sua frequência foi autorizada para todos os dias no período matutino para que ele tivesse experiência com o mundo ouvinte com o acompanhamento fonoaudiológico concomitantemente.

Pouco depois, com esforços conjuntos de Júlia, uma professora da educação especial e uma intérprete, foi elaborado um projeto para fundação de uma escola especial para surdos, denominada Centro de Apoio e Atendimento ao Deficiente Auditivo (CEAADA), que se ocupava inicialmente como ponto de apoio às mães e seus filhos surdos, o que proporcionou o contato do Caio com a LS utilizada por sujeitos da comunidade surda.

À época, eram raros os profissionais da educação especial, e pouco conhecimento era tramitado na sociedade sobre surdez. Sua mãe então foi trabalhando em casa, sem conhecimento teórico formal, o que pesquisava sobre educação infantil e em que momento apresentar tais conhecimentos ao seu filho, reforçando ainda mais o que Caio aprendia na escola, como cortar, picotar, colar, fazer bolinhas, tracejar, cobrir, brincar etc. Entretanto, tudo era mediado a partir da língua portuguesa e das formas de comunicações criadas por Caio para se comunicar com seus professores, sua mãe, seus familiares e os outros alunos. Poucos eram os sinais da Libras utilizados naquele momento. Porém, os que lhe eram apresentados, ele aprendia e ensinava à mãe.

Dessa forma, com aproximadamente 5 anos, aquela criança surda já estava conhecendo as letras e formando as famílias silábicas. Uma professora que o acompanhava mais de perto na primeira série da educação básica, muito pacientemente, começou a utilizar o conhecimento que ele tinha adquirido para retomar o aprendizado da escrita e dos seus significados. Usamos o termo "retomaram" porque Júlia, quando seu filho começou a frequentar a escola, nomeou TODOS os objetos de sua casa com pedaços de papéis adesivados: as frutas, os eletrodomésticos, os móveis, a estrutura da casa (telha, parede, caibros, tomadas...), as plantas, os materiais pedagógicos etc. Fez isso também com cores diferentes para cada cômodo da casa. Todo e qualquer objeto e oportunidade eram utilizados para contribuir com o conhecimento de Caio. Ele recortava imagens de revistas que a mãe acumulava em casa para seu próprio uso, fazia comparações daquelas imagens com os objetos que existiam em casa, dava nomes, sinais, diferenciava as funções etc.

Essa professora continuou com ele até a quarta série, e, com os primeiros cursos de Libras surgindo no estado, tanto ela quanto os professores do mencionado Centro e da escola regular que ele frequentava começaram a se capacitar, o que possibilitou a interação de Caio com seus professores nessa língua. Esses profissionais começaram a se inteirar do que vinha a ser cultura e identidade surda, gerando um olhar diferenciado para a educação das crianças surdas.

Júlia transmitia confiança no trabalho dos profissionais da educação e apoiava suas ações, inclusive exigindo que o tratamento dado ao Caio, como sujeito surdo, fosse de igualdade em relação aos outros alunos, no caso os ouvintes. Ela sempre expôs que não deveriam tratar seu filho como "coitadinho", "incapaz", com pena. Para ela a prioridade era a capacidade de aprendizagem que ele tinha e que deveriam observar se as habilidades referentes à sua faixa etária estavam sendo desenvolvidas para que ele avançasse. Em sua residência, Júlia retomava tudo que era vivenciado nas escolas (especial e regular), inclusive aprendendo sinais novos que ele trazia da escola especial.

Júlia não descansava, dia a dia acompanhava o passo a passo do seu filho nas escolas, com quem ele estava se relacionando, como estava sendo seu progresso. Fazia questão de estar a par dos relatórios feitos pelos professores e observava o quão satisfatório era ver seu filho se desenvolver apesar das dificuldades e dos esforços dele e dela para superação.

Caio chegou à 5ª série — que se refere ao 6º ano da escola ciclada da atualidade — numa escola estadual, gerando muita preocupação pelas diferenças apresentadas nesse nível educacional, como a existência de várias disciplinas, vários professores numa sala só, a violência que por vezes assola a educação pública estadual (tráfico e uso de drogas, presença policial nas dependências físicas da escola).

Como a maioria das instituições de educação, a escola não tinha intérprete, principalmente porque Caio era o primeiro aluno surdo a se matricular ali. Logo, os profissionais da educação naquele espaço não tinham absolutamente nenhum conhecimento sobre surdez e não davam muita importância à maneira como esse aluno daria continuidade ao seu aprendizado. Entretanto, ele demonstrou que tinha capacidade e conhecimento suficientes para estar matriculado ali e passou a surpreender os professores com seus conhecimentos de nível mais elevado que os alunos de séries superiores. Apresentava trabalhos de qualidade, fazia pesquisas autonomamente, mostrava atenção, educação e interesse em progredir, tendo sempre a mãe como apoio incondicional, pois ela continuava a dar o reforço necessário em casa, repassando os conteúdos e o acompanhando na execução das tarefas.

Caio desenvolveu seu conhecimento sempre partindo do contexto. Sua mãe ensinava, em qualquer ambiente, que ele deveria trazer conteúdos escolares para o assunto abordado no dia a dia. Todos os temas se transformavam em exemplo e meio de aprendizagem: reportagem na televisão, receitas, matérias de jornal, fofocas de famosos, tragédias no meio ambiente, acontecimentos na vizinhança ou na família. Todos os momentos eram oportunidade para que ele tivesse acesso ao conhecimento; não somente o escolar, mas também o da vida: drogas, ética, família, amigos, dinheiro, caráter, verdade, mentira, certo e errado. Todos os conteúdos que estavam no currículo para ser ministrados em sala eram reforçados a partir do concreto com Caio em casa, com eventos da vida real, que vivenciava de perto.

Nessa escola, ele teve apenas uma intérprete por aproximadamente quatro meses, pois era distante, e não se encontravam profissionais suficientes para atender todos os alunos surdos, além de a profissão ainda não ter sido reconhecida, e o salário pago ser muito pouco. Porém, no curto período que esteve com Caio, a intérprete externou o quanto aprendeu com ele, pois nunca tinha visto um aluno surdo com um acúmulo considerável de conhecimento, o que a impulsionou a se capacitar ainda mais.

Ele se mudou para uma escola mais próxima do centro comercial e que tinha menos indício de violência, mas que apresentou resistência para recebê-lo e mostrou preconceito com sua presença. No ato da matrícula, foi dito que ele seria mais um que estaria ali para contar como um número, que não se desenvolveria e que a escola serviria de depósito para esse "tipo" de aluno.

Nessa escola, ele ficou sem intérprete, no início do ano letivo, enquanto sua mãe buscava solução com a Secretaria de Educação Especial, não alcançando êxito por várias vezes. Contudo, firme em seu propósito, conseguiu falar com a pessoa responsável, a qual pediu que Caio provasse que sabia ler para conseguir um intérprete; naquele momento, ele pegou um texto dado pela responsável e leu em língua portuguesa, oralizando, com muita desenvoltura. Ela então se comprometeu em conseguir um intérprete, o que ocorreu uma semana depois.

Com a matrícula de Caio nessa escola, bem como com a presença de uma intérprete, muitos outros surdos buscaram matricular-se também, o que proporcionou a ele convívio com seus pares dentro da escola regular. Porém, ainda era tudo muito novo. Caio não podia contar com profissionais que tivessem muito conhecimento sobre surdez, sobre Libras, pois essas informações não estavam à disposição facilmente.

Durante toda essa trajetória, ele teve contato com a comunidade ouvinte, com a comunidade surda, com a escrita e a oralização da língua portuguesa, contando com a tecnologia do aparelho auditivo que usava desde os 5 anos de idade. Mesmo que não lhe possibilitasse ouvir, amplificava as ondas sonoras, referenciando as emissões sonoras para o surdo. Para cada perda auditiva, existe um tipo de aparelho, e cada surdo reage ao seu uso de forma diferente; depende do grau de perda e da localização do dano para que o surdo ouça com essa tecnologia ou ela contribua com as percepções referenciais de sons.

O desenvolvimento do processo de ensino-aprendizagem de Caio estava pautado numa engrenagem, em que cada peça da engrenagem deveria funcionar na sua condição máxima para que o resultado fosse satisfatório:

aparelho auditivo, contato com Libras e com língua portuguesa, participação familiar, intérprete, escola, professores, igreja, secretarias etc., todos esses fatores precisavam estar ativos todo o tempo na vida dele como parte do seu contexto de vida que proporcionaria seu sucesso.

Em toda sua trajetória escolar, ele nunca foi reprovado. Apresentava dificuldades, limitações, como qualquer outro aluno, mas nunca deixou de obter o êxito esperado pela equipe educacional. Contudo, dependia do empenho da engrenagem.

No ensino médio, Caio estudou também numa escola estadual de grande porte na capital, onde teve a oportunidade de contar com o trabalho de profissionais intérpretes todos os três anos em que lá permaneceu e pôde participar da fanfarra da escola, realizando um sonho antigo. Nessa escola, assim como nas anteriores, ele se destacava pelo seu conhecimento, ganhando bolsas de estudo, como um curso de Informática em duas escolas técnicas/profissionalizantes. No terceiro ano do ensino médio, fez um curso pré-vestibular para se preparar para realizar o Exame Nacional de Ensino Médio (Enem) e foi classificado na sua primeira tentativa para o curso de Ciência da Computação. Como demorou a ser chamado para realizar matrícula, prestou vestibular para uma faculdade particular e foi aprovado. Entretanto, a instituição negou sua matrícula com as justificativas de não ter intérprete e não ter sido formada turma pela quantidade de alunos aprovados.

Como não conseguiu ingressar no ensino superior, ele escolheu começar a trabalhar e, por conta própria, foi procurar emprego; foi aceito numa loja de calçados e logo ganhou destaque por ser muito atencioso e organizado. Era reconhecido como um trabalhador que tinha relacionamento com todos os colegas e superiores e interagia em língua portuguesa com todos, por não haver intérpretes nesse estabelecimento comercial.

Começou a desenvolver trabalho artístico voluntário na escola de surdos, fazendo apresentações de teatro e poesia em vários eventos e lugares da sociedade — bancos, correio, igrejas, faculdades, escolas — e se destacava como líder do grupo, não só nesse, mas também em todos os grupos em que se envolvia. Servia de exemplo para outros surdos que não se viam como capazes, mas que, depois que passavam a conviver com ele, se sentiam aptos a tentar. Caio fez ainda um curso de teclado e outro de técnico de áudio.

Ao terminar a educação básica, com 17 anos, alistou-se no Exército, mas foi negado por ser determinado pelo Exército Brasileiro que PcDs não podem servir. Porém, confrontou as autoridades presentes por não terem dado essa explicação a ele, apenas preenchendo a alternativa da ficha de alistamento de que o cidadão não serviria. Expôs ao Coronel daquele batalhão que o problema estava neles que não conseguiam se comunicar com ele, pois ele se sentia apto a realizar atividades no quartel que não exigissem a audição, mas o mundo não estava apto para ele.

Em todas essas vivências, Caio adquirira experiência profissional e de vida. Ganhou autonomia e geria seu tempo para os estudos, as apresentações, o trabalho, a igreja, a família, seus relacionamentos e atividades de lazer. Em meio a tantas atividades, resolveu que se matricularia num curso para aprender gramática de Libras. Sua desenvoltura foi tamanha que logo estava fazendo substituições na instituição educacional que oferecia o curso, sendo convidado a ministrar cursos de capacitação para professores do Estado. Ele se sentia realizado em poder ensinar sua própria língua e continuou se capacitando enquanto lecionava, atividade que faz até hoje como servidor interino do Estado, não só na capital, mas também em várias cidades do interior. Concilia essa atividade com uma faculdade de Pedagogia, em que se matriculou por sentir que precisava estudar mais para ser um profissional com cada vez mais conhecimento; no momento em que escrevemos este trabalho, caminhava para a conclusão do curso. Seu objetivo é capacitar os profissionais para a educação dos surdos com qualidade e mostrar que isso é possível, por meio da sua própria história.

Em toda sua vida, Caio conviveu com pessoas surdas e ouvintes, e todos os obstáculos que encontrava, com a ajuda da mãe, foram ultrapassados. Os sonhos que teve, no que dependia de si e da sua família, ele tem realizado, e por onde passou conquistou o respeito e a confiança das pessoas, que, ao conhecê-lo, passaram a compreender a vida do surdo de forma diferente — exatamente o que aconteceu conosco, que víamos, nos livros e na teoria, os discursos "utópicos" da educação de surdos sem, contudo, presenciarmos prova concreta de que existem técnicas que levam o surdo ao sucesso.

3.2 AS NARRATIVAS, CAMINHO DA PESQUISA

Nesta seção, após apresentarmos o sujeito de nossa investigação, vamos expor a metodologia de coleta, denominada pesquisa narrativa, a qual abrange histórias de vida, relatos orais, depoimentos, biografias e outros, utilizada, há mais de 20 anos, como modo de coleta de informações partindo das vivências humanas reais, conforme Couto (1998 *apud* BRUNER, 1997, p. 115):

> Nós organizamos a nossa experiência diária e a nossa experiência de acontecimentos humanos principalmente sob a forma de narrativa. Criamos histórias, desculpas, mitos, razões para fazer ou não fazer.

A escolha desse tipo de abordagem surge do interesse de compreender o desenvolvimento de um sujeito surdo que demostra, em sua vida adulta, um conhecimento aceitável, pela sociedade, da língua oral por ela utilizada, bem como pela comunidade surda da LS vivenciada com seus pares. Acreditamos, com Chizzotti (2003), que "[...] o testemunho oral das pessoas presentes em eventos, suas percepções e análises podem esclarecer muitos aspectos ignorados e indicar fatos inexplorados do problema" (p. 17). Depois de várias experiências com inúmeros sujeitos surdos e de observar as peculiaridades existentes nas suas experiências escolares caracterizadas por dificuldades de compreensão nas diversas áreas do conhecimento, percebemos que Caio demonstrava uma desenvoltura diferenciada da grande maioria dos surdos, o que nos levou a refletir sobre como havia se dado seu aprendizado, como foi sua vivência familiar e seu "estar" em duas culturas diferentes para resultar em sucesso.

Para tal, buscamos compreender sua história de vida para traçar compreensões sobre sua formação e o desenvolvimento da linguagem, por meio de informações fornecidas pela mãe, escritas no mês de junho de 2014, que neste trabalho serão apresentadas em itálico configurando narrativa escrita. A transcrição das falas de Caio será referenciada com o desenho de uma mão no início para lembrar que foi realizada entrevista em Libras, também com a fonte em itálico. Em Souza (2006), encontra-se uma síntese da função da abordagem biográfica para a subjetividade, que possibilita melhor entendimento dos estudos em educação:

> [...] A crescente utilização da abordagem biográfica em educação busca evidenciar e aprofundar representações sobre as experiências educativas e educacionais dos sujeitos, bem como potencializa entender diferentes mecanismos e processos históricos relativos à educação em seus diferentes tempos. Também porque as biografias educativas permitem adentrar num campo subjetivo e concreto, através do texto narrativo, das representações de professores sobre as relações de ensino-aprendizagem, sobre a identidade profissional, os ciclos de vida e, por fim, busca entender os sujeitos e os sentidos e situações do/no contexto escolar (p. 136).

Em nossa pesquisa, discutimos o ensino-aprendizagem de um sujeito surdo a partir da sua primeira infância, das suas primeiras interações para observar a importância da afetividade nesse processo, em sua principal vertente: a educação aprendida em casa, por intermédio dos pais. As riquezas das narrativas familiares trazem dados preciosos dos primeiros passos do sujeito, de sua construção histórica, cultural e individual desde cedo, dados que só podemos encontrar nesse âmbito.

Clandinin e Connelly (1990) ressaltam que:

> [...] as pessoas por natureza protagonizam vidas cheias de histórias e contam histórias dessas vidas, enquanto os pesquisadores narrativos descrevem tais vidas, coletam e contam histórias sobre elas e escrevem narrativas da experiência (p. 59).

Mediante a análise das narrativas, buscamos, no mais íntimo desse núcleo social, suas memórias, num determinado tempo e espaço, procurando compreender a constituição do sujeito por meio dos fragmentos históricos obtidos.

Os fatos cotidianos narrados nos permitem observar como foram os primeiros passos do sujeito e nos ajudam a perceber mais claramente a importância das decisões tomadas para alcançar os resultados vistos em sua vida adulta, pois "[...] vivemos através de histórias, ou seja, pensamos, imaginamos e fazemos escolhas morais de acordo com estruturas narrativas" (OLIVEIRA; SEGURADO; PONTE, 1999, p. 194).

Em qualquer âmbito do conhecimento, a narrativa, seja na configuração escrita ou oral, constitui um método poderoso de investigação, pois é constituída de um aspecto relevante, que são as histórias reais.

O filósofo e sociólogo francês Barthes (1976) discute que a narrativa tem seu início com a própria história do homem em suas diversas sociedades e em todas as épocas. Considerado catedrático na arte das narrativas, ele diz que:

> [...] a narrativa pode ser sustentada pela linguagem articulada, oral ou escrita, pela imagem fixa ou móvel, pelo gesto ou pela mistura ordenada de todas estas substâncias. A narrativa está presente em mito, lenda, fábula, conto, novela, epopeia, história, tragédia, drama, comédia, mímica, pintura, vitrais de janelas, cinemas, histórias em quadrinhos, notícias, conversação. Além disso, sob esta quase infinita diversidade de formas, a narrativa está presente em cada idade, em cada lugar, em cada sociedade; ela começa com a própria história da humanidade e nunca existiu, em nenhum lugar e em tempo nenhum, um povo sem narrativa [...] ela está simplesmente ali, como a própria vida (BARTHES, 1976, p. 19).

Também filósofo e sociólogo alemão, sucessor de Roland Barthes (1915-1980), nos estudos sobre narrativa, o pesquisador do século XX Benjamin (1994) ilustra que:

> A narrativa, que durante tanto tempo floresceu num meio de artesão – no campo, no mar, na cidade -, é, ela própria, num certo sentido, uma forma artesanal de comunicação. Ela não está interessada em transmitir o "puro em si" da coisa narrada como uma informação ou um relatório. Ela mergulha a coisa na vida do narrador para em seguida retirá-la dele. Assim se imprime na narrativa a marca do narrador, como a mão do oleiro na argila do vaso [...] (p. 205).

O todo da narrativa de uma história abrange minudências, pessoas ou personagens e acontecimentos (SIMMONS, 2001, p. 31), que, segundo Gargiulo (2005, p. 10), têm a possibilidade de serem tão resumidos quanto uma simples frase, mas são sempre um meio fundamental de conversação que seduz o público que tem acesso a ela. Além disso, reforça o ponto de vista teórico com uma história é muito mais convincente.

Barthes (1976, p. 25) afiança com propriedade que "o ser humano é essencialmente um contador de histórias que extrai sentido do mundo através das histórias que conta", o que é confirmado também na perspectiva dos estudiosos americanos Clandinin e Connelly (1990), que se debruçam sobre pesquisas a respeito da narrativa e nos garantem que:

> [...] os seres humanos são organismos contadores de histórias, organismos que individual e socialmente, vivemos vidas relatadas. O estudo da narrativa, portanto, é o estudo da forma como nós, seres humanos, experimentamos o mundo. Dessa ideia geral se deriva a tese de que a educação é a construção e a reconstrução de histórias pessoais e sociais: tanto os professores como os alunos somos contadores de histórias e também personagens nas histórias dos demais e nas suas próprias (CLANDININ; CONNELLY, 1990, p. 11).

Inúmeros estudiosos conceituam narrativa, e alguns a diferenciam de "histórias". Para Moraes (2000), as narrativas envolvem reflexão dos fatos da vida das pessoas, tanto por parte de quem a conta como por parte de quem as "ouve" ou "lê":

> A narrativa não é um simples narrar de acontecimentos, ela permite uma tomada reflexiva, identificando fatos que foram, realmente, constitutivos da própria formação. Par-

> tilhar histórias de vida permite a quem conta a sua história, refletir e avaliar um percurso compreendendo o sentido do mesmo, entendendo as nuanças desse caminho percorrido e reaprendendo com ele. E a quem ouve (ou lê) a narrativa permite perceber que a sua história entrecruza-se de alguma forma (ou em algum sentido/lugar) com aquela narrada (e/ou com outras); além disso, abre a possibilidade de aprender com as experiências que constituem não somente uma história, mas o cruzamento de umas com as outras (p. 81).

A pesquisadora brasileira Sonia Kramer (1998) ressalta a importância da narrativa como um resgate histórico do sujeito e contribui com nossos estudos ao afirmar que "[...] resgatar a história das pessoas significa vê-las reconstituírem-se enquanto sujeitos e reconstituir também sua cultura, seu tempo, sua história, reinventando a dialogicidade, a palavra" (p. 23).

Vemos então a narrativa como fonte inesgotável de dados, tendo o sujeito narrador como produtor de conhecimento, um ser que conta histórias cujas emoções, pensamentos, sentimentos e experiências estão inseridos no texto e não passam despercebidos, trazendo à tona os dados importantes, deixando de ser apenas nossos e passando a fazer parte da vida do outro, quando narrados. Marquesin e Passos (2009, p. 224) citando Larrosa (1998) afirma que, "[...] quando contamos nossas histórias e experiências para os outros, de forma escrita ou oral, elas deixam de ser somente nossas, pois passam a fazer parte da vida do outro".

Dessa forma, a escrita da narrativa oportuniza aos sujeitos narradores um mergulho interior e um compartilhamento desse com o público, proporcionado não apenas pela leitura, mas, sobretudo, pela escrita de suas lembranças de experiências vividas. Ao passo que a investigação da narrativa avança, o investigador sente necessidade de buscar novas narrativas para obtenção de novos dados que complementem a primeira. Conforme afirmam Clandinin e Connelly (1990, p. 21): "A investigação narrativa é um processo de colaboração que enseja uma mútua explicação e reexplicarão de histórias à medida que a investigação avança".

Ao final de uma primeira fase de análise dos dados, sentimos a necessidade de buscar novos dados, por meio de entrevistas, por perceber lacunas de informações na primeira coleta. Para esse levantamento dar mais coesão e consistência ao trabalho, lançamos mão da metodologia "entrevista focalizada", realizada não somente com a mãe, mas também com o filho.

Gil (1999) classifica a entrevista como instrumento metodológico em quatro tipos: informal, focalizada, por pautas e estruturada, e compreende todas como uma técnica de coletas de dados "[...] em que o investigador se apresenta frente ao investigado e lhe formula perguntas com o objetivo de obtenção de dados que lhe interessam na investigação" (p. 117).

Entre as classificações dadas pelo autor, entendemos ser mais conveniente utilizarmos a pesquisa focalizada, explicada por Gil (1999) como um tipo que se volta a um assunto específico e que "[...] o entrevistador permite ao entrevistado falar livremente sobre o assunto, mas, quando este se desvia do tema original, esforça-se para a sua retomada" (p. 120). É comumente utilizada em situações que objetivam explorar mais aprofundadamente uma experiência vivida em condições precisas.

Os registros das entrevistas, tanto da mãe quanto do filho, foram feitos por meio de gravações de áudio e vídeo. Gil (1999, p. 125) observa que "[...] o único modo de reproduzir com precisão respostas é registrá-las durante a entrevista, mediante anotações ou com o uso de um gravador"; entretanto, tendo em vista o nosso sujeito surdo, suas gravações são registradas em vídeos por utilizarmos a Libras.

3.3 A REALIZAÇÃO DA PESQUISA

Como já explicitamos na caracterização do sujeito, Caio demonstrava uma aptidão diferenciada da maioria dos seus pares, manifestando habilidades relevantes em níveis significativamente acima, inclusive, dos estudantes em geral, de sua faixa etária e de igual nível escolar. Para melhor entendermos a que estamos nos referindo, discorreremos sobre um fato evidente às nossas observações, ocorrido no início de nossa experiência com esse aluno.

Com apenas três semanas de aula, um problema de saúde denominado "rotavírus" nos acometeu. Essa enfermidade é conhecida por debilitar a saúde, tirar as forças e atacar principalmente a hidratação do organismo, forçando o paciente a tomar soro caseiro constantemente. Depois de três dias tomando esse líquido durante todo o dia, até mesmo enquanto trabalhávamos como intérpretes em sala de aula com os surdos, uma das alunas perguntou o que tinha naquela garrafa que nos levava a fazer expressões faciais enquanto ingeríamos; como em Libras não há um sinal específico para "soro caseiro", falamos que ali dentro tinha "ÁGUA, SAL e AÇÚCAR". Para nossa surpresa, Caio respondeu: "*Ah! É soro caseiro! Serve para hidratar*". As outras duas alunas surdas não entenderam o que ele estava falando, e, quando fizemos menção de explicar, ele tomou a frente e disse: *"Pode deixar, eu mesmo explico!"*, sendo distinto em sua explicação científica do que seria a substância, como ela agia no organismo e em quais circunstâncias devemos ingeri-la.

Foi surpreendente observá-lo explicando com tanta destreza e desenvoltura não só a situação em si, mas também as palavras que surgiam sem sinais correspondentes, para que suas colegas compreendessem todo o discurso!

É necessário entendermos o porquê da admiração por tamanho conhecimento, uma vez que talvez o leitor entenda ser possível adolescentes na mesma idade de Caio, na sua maioria, saberem o que vem a ser "soro caseiro". Talvez fosse pertinente, à época, fazer uma pesquisa simples com todos os estudantes de sua sala sobre se saberiam dar explicações do assunto, para comparar ao conhecimento demonstrado por esse aluno surdo, mas a vivência que temos com alunos surdos, em diversos níveis escolares, nos permite atestar que Caio tem experiências além do que é costumeiro perceber em seus pares surdos.

Dessa forma, explicitaremos outro fato que demonstra o que é recorrente na vida escolar de alunos surdos. O acontecimento ocorreu três anos antes de termos contato com Caio, numa turma de 2º ano do ensino médio, em uma aula de Biologia, no momento em que a professora iniciava sua aula sobre Infecções Sexualmente Transmissíveis (IST), explicando cada parte dos órgãos sexuais feminino e masculino, suas funções e como eram atingidos por essas doenças.

Durante nosso trabalho de interpretação, utilizando os sinais da Libras, havia muito tumulto na aula, não somente pelo assunto, que naturalmente gera interesse e desconforto por parte de estudantes dessa faixa etária, mas também porque os alunos "copiavam" os sinais referentes aos órgãos sexuais, demonstrando não somente interesse em aprendê-los, mas fazendo deles motivo de algazarra, enquanto os surdos agiam da mesma forma que seus colegas, entretanto não por causa dos sinais, mas por conta das imagens, ora chocantes, que apareciam no telão durante a explanação da professora.

Acompanhávamos dois sujeitos surdos desde o início do ano anterior, no 1º ano do ensino médio, e já havíamos percebido que o conteúdo que tinham, referente tanto aos assuntos escolares quanto aos temas do cotidiano, apresentava déficit, em comparação aos estudantes de mesma idade, já que tinham idades um pouco avançadas para a turma em que estavam — um tinha 18 anos e o outro 21.

Percebemos também que o mais novo demonstrava ter mais desenvoltura em suas atitudes e ser mais desembaraçado em seu modo de agir, inclusive repreendia o mais velho por causa de seus atos sem malícia, sua falta de esperteza ou ingenuidade em diversas ocasiões.

Voltando à aula de Biologia, ao vermos o interesse dos estudantes em "aprender" os sinais de Libras referentes a "pênis", "vagina", "testículos", "espermatozoide" etc., nos indagamos sobre os surdos conhecerem as palavras, em português, que se referiam aos sinais; curiosamente perguntamos, logo que tivemos oportunidade, se eles saberiam qual o nome do sinal "TESTÍCULO". Para nossa surpresa, nenhum dos dois conhecia a palavra que correspondia ao sinal, e, ao fazermos a datilologia da palavra "T-E-S-T-Í-C-U-L-O", um deles falou espantado: "Nossa! Que palavra grande pra algo tão pequeno!". A aula seguiu com ambos nos perguntando, em momentos oportunos, os nomes dados aos sinais.

Caio era diferente! Demonstrava esperteza ímpar, rapidez de raciocínio, participação ativa nas aulas, conhecimento aguçado de sinais da Libras e das palavras correspondentes aos mesmos. Não apenas isso, também conhecia os conceitos por trás das expressões e muitas vezes os significados dos léxicos, a etimologia das palavras.

Intrigados com tal situação, e observando a repetição de vários episódios de demonstração clara de desenvoltura, não hesitamos em convidar sua mãe a comparecer à escola para nos contar como se deu sua educação e por que ele era tão diferente da grande maioria dos surdos que conhecemos em nossa caminhada profissional. Desde então indagávamos: por que deu certo com esse sujeito?

Sua genitora nos fez alguns relatos informais oralmente, à época — cinco anos antes da escrita deste trabalho — que muito nos intrigou. Ela deu muita ênfase ao interesse dos pais em aceitar a surdez e levar seu filho a se sentir incluso na sociedade, independentemente de sua limitação. Explicou também que todas as situações eram minuciosamente explicadas, mesmo as mais simples, como quando houve uma chuva forte que alagou casas mostradas na TV, e ele perguntou o porquê de a água entrar nas casas. A mãe lhe explicou não só o que estava acontecendo, mas as causas comuns para uma enchente. Quando ele tinha qualquer problema de saúde, ela explicava o que estava acontecendo, como se deu aquela situação e para que servia o remédio que estava tomando.

Foi perceptível que o interesse dos pais pelo filho, por sua limitação e sua superação fez toda diferença no processo. Júlia inclusive voltou a estudar no momento do ingresso de Caio ao ensino médio, pois pensava ser indispensável fazer uma faculdade para lhe dar condições de continuar acompanhando o desenvolvimento dele com qualidade e conhecimento científico, resultando em seu ingresso no curso de Pedagogia.

À época ficamos muito interessados pela situação, mas não tivemos oportunidade de utilizá-la como objeto de estudo. Hoje, tendo em vista nosso interesse pelo aprendizado de duas línguas por parte dos sujeitos surdos, entendemos vir a calhar trazer o episódio de volta, principalmente por compreender que todo o histórico demonstra indícios claros de um processo educacional diferenciado do costumeiramente encontrado.

Dessa forma, foi imprescindível voltar à fonte de informações segura, que poderá nos fornecer dados concretos do passo a passo do seu desenvolvimento em família.

Esse tipo de metodologia já é bastante utilizado nos estudos atuais na Educação e na Linguística Aplicada, e entendemos que os dados ora estudados podem ser muito frutíferos e de relevância para nossas reflexões e compreensão dos motivos do sucesso desse sujeito, cujo estudo pode auxiliar no desenvolvimento da educação dos surdos no nosso país.

CAPÍTULO 4

Na ausência do outro, o homem não se constrói homem.

(Lev Semiónovich Vygotsky)

ANÁLISE E DISCUSSÃO DE DADOS

Nos primeiros contatos com Caio, percebemos, por meio do seu discurso, que sua forma de linguagem se diferenciava da maioria dos surdos que conhecemos, despertando o interesse em compreender seu desenvolvimento linguístico e os procedimentos utilizados para o alcance do seu sucesso educacional.

Assim, optamos, como dissemos no capítulo anterior, pela metodologia de análise de narrativas, escritas pela mãe de Caio, por meio das quais pudemos observar de modo íntimo o que aconteceu em um lar em que repentinamente nasceu uma criança surda — ressalta-se que em no nosso país não há qualquer ação de prevenção para os problemas que causam surdez, não há informações divulgadas sobre o que é o surdo e como a família deve agir quando é surpreendida com um bebê surdo.

Também fizemos entrevistas com o sujeito da pesquisa, por meio do recurso de mídia visual (filmagem de vídeo), uma vez que ele tem uma identidade pautada na comunicação visual-espacial e se utiliza principalmente da Libras para se comunicar, principalmente por essa língua contar com o recurso linguístico das "expressões faciais e corporais", compreendido pelos linguistas da área como um fonema. Depois de feitas as gravações, realizamos a tradução oral da Libras para a língua portuguesa, com gravação de áudio e, finalmente, a transcrição dos dados, permitindo a avaliação e o registro escrito no trabalho.

Para melhor compreensão dos fenômenos descritos, mobilizaremos cinco fatores que entendemos fazer diferença no processo ensino-aprendizagem, os quais organizamos como seções deste capítulo: "Quando a surdez é diagnosticada"; "A constituição do sujeito a partir das relações sociais"; "O papel da linguagem bilíngue numa abordagem sócio-histórica"; "A interação como forma de aprendizagem" e "A afetividade como fator facilitador do processo ensino-aprendizagem".

4.1 QUANDO A SURDEZ É DIAGNOSTICADA

Uma mulher que engravida em qualquer idade ou fase de sua vida jamais pensa na possibilidade do nascimento do seu bebê "imperfeito". Em sua temeridade do inesperado, principalmente se não está fazendo um acompanhamento mensal do crescimento do seu bebê, pré-natal, chega a pensar e sentir medo pelo possível surgimento de algum problema, mas finaliza seu pensamento com fé em que seu bebê chegará com saúde, trazendo muita alegria ao seu lar. Em outras palavras, dificilmente uma mulher, em seu tempo gestacional, pensará nas possibilidades reais e em quais atitudes tomar se porventura seu bebê chegar aos seus braços com um diagnóstico de surdez, de cegueira, de paralisia cerebral, de síndrome de Down ou qualquer outra avaliação que ocasionará um modo de vida diferenciado.

Júlia nos conta que:

> *Tudo correu perfeitamente na minha gestação [pré-natal] até os nove meses. A cada exame com resultado normal. Estava ótima! No dia [...] no hospital [...] Caio nasceu. Com o passar dos meses ele se desenvolvia perfeitamente...*

Seu bebê não foi programado, pois ela estava terminando o ensino médio quando engravidou. Preparou-se para o casamento e para a chegada do bebê como em qualquer outro lar, realizando o pré-natal e vivenciando todas as fases da gravidez.

Ao nascer um bebê com surdez, essa perda é descoberta somente depois de seu primeiro ano de vida — e o diagnóstico fechado aproximadamente aos 3 anos de idade, uma vez que é uma deficiência "invisível" (VILLAR; JUNIOR, 2008, p. 44) — quando os familiares começam a perceber que a criança não atende a estímulos sonoros, como bater palmas, copo quebrando, barulho de aparelhos que emitem som (TV, rádio, celular etc.), tampas de panela batendo e, principalmente, que não responde ao chamado de adultos ou de outras crianças:

> *Em 1996 [ele nasceu no início de 1995] começamos a perceber algo diferente. O volume do som muito alto, barulho na cozinha [Ex.: panela caindo...] não incomodavam o bebê. Resolvi marcar uma consulta com uma pediatra. Ela me encaminhou para um otorrino.*

Nas famílias cujos pais são surdos, essa realidade muda completamente, pois, ao primeiro contato dos pais com a criança, eles, insistentemente, em espaços muito pequenos de tempo, batem palmas na expectativa de ver resposta ou não do bebê aos estímulos. Além disso, culturalmente, todos que passam a conhecer o bebê logo perguntam se é ouvinte ou surdo, e é natural a cobrança da família para realização do exame de Emissões Otoacústicas Evocadas, comumente chamado de "teste da orelhinha" (previsto gratuitamente pela Lei Federal n.º 12.303, de 2 de agosto de 2010), antes da alta hospitalar do bebê e de sua mãe, o que infelizmente órgãos de saúde, privados ou públicos, em sua quase totalidade, não cumprem. Dessa falta de cumprimento da lei decorre uma série de consequências, como bem discorrem Villar e Junior (2008):

> [...] porque o diagnóstico e a intervenção precoce frente a um caso de surdez minimizam, podendo mesmo abolir, as limitações impostas à criança, possibilitando-lhe um desenvolvimento adequado, inserção na comunidade, na vida acadêmica e no mercado de trabalho (p. 55).

É necessário refletir sobre o desenvolvimento de uma criança ouvinte do 0 aos 3 anos de idade — motor, cognitivo, linguístico etc. O sujeito surdo, tratado naturalmente como ouvinte nessa fase, terá uma perda de três anos em sua vida, o que resultará num atraso de desenvolvimento, trazendo agudas limitações que repercutirão em diversas áreas da sua vida: cognitiva, emocional, social, cultural, social (VILLAR; JUNIOR, 2008).

A tabela a seguir exibe os marcos esperados das habilidades de linguagem receptiva e expressiva das crianças para cada faixa etária, segundo Villar e Junior (2008, p. 46), os quais consideramos de extrema relevância por nos auxiliar a reconhecer e identificar o atraso do desenvolvimento nas crianças diagnosticadas com surdez.

Figura 2 – Marcos referentes às linguagens receptiva e expressiva

Marcos referentes à linguagem receptiva	
Recém-nascido	Reage aos sons (ex: abre os olhos, pisca, chora, assusta-se).
04 meses	Orienta-se na direção da fonte sonora, girando a cabeça ou virando seu corpo; responde ao próprio nome.
09 meses	Entende "não".
12 meses	Segue uma ordem de comando acompanhada por um gesto (ex: me dá a chupeta).
14 meses	Segue uma ordem de comando sem necessidade de ser acompanhada por um gesto.
17 meses	Consegue apontar várias partes do corpo quando solicitado.
24 meses	Segue dois comandos (ex: vem cá e sente).
36 meses	Escuta histórias.
Marcos referentes à linguagem expressiva	
02 meses	Lalação (sons de vogais).
04 meses	Gargalha.
06 meses	Balbucia (sons de consoantes adicionados ao de vogais)
08 meses	Uso indiscriminado de "mama" e "papa".
12 meses	Discrimina o uso de "mama" e "papa"; vocabulário de 03 a 05 palavras; expressão vocal de uma palavra; conversação essencialmente ininteligível, mas com entonação e inflexão.
24 meses	Vocabulário de 50 palavras; sentenças de duas palavras; uso indiscriminado de pronomes.
36 meses	Vocabulário de 250 palavras; sentenças de três palavras; uso discriminado de pronomes; cerca de 75% da fala é inteligível para estranhos.

Fonte: VILLAR; JUNIOR (2008, p. 46)

Muitos pais de surdos relatam a falta de preparação dos médicos para comunicar a possibilidade de surdez, ou, quando ocorre o diagnóstico, observam assertivas marcadas pelo discurso da limitação: "Infelizmente, seu filho tem um problema grave", "Mãe, seu bebê é 'portador' de surdez", "Infelizmente seu filho é surdo e terá uma vida limitada".

É natural que famílias ouvintes demonstrem emoções, como decepção, frustração, revolta ou indiferença no momento do diagnóstico da surdez, o que pode ser amenizado quando os profissionais de saúde são sensíveis à situação e conhecem as culturas e a identidade surdas, podendo atenuar o sofrimento das famílias, dando esclarecimentos quanto à qualidade de vida que o surdo tem na sociedade quando sua inclusão é efetivada, inclusive apontando linguísticos, educacionais, terapêuticos mais eficazes para seu desenvolvimento. Nas palavras de Villar e Junior (2008, p. 88): "O manuseio diagnóstico frente a um caso de suspeita de surdez requer paciência, conhecimento técnico, experiência e perícia".

Júlia desconfiava da surdez do filho, mas só teve certeza ao receber, bruscamente, a notícia pelo médico. Ela relata como se sentiu diante de tal fato:

> *Pra gente, principalmente pra mãe... eu não esperava... eu tinha desconfiança, mas acredito que poderia... a notícia podia ser mais carinhosa, a forma como foi passada. Foi bem agressivo: seu filho é surdo, ele não ouve nada e daqui pra frente ele nunca vai ouvir nada e não se preocupe com isso, porque ele não vai aprender nada! E eu fiquei assim... [pausa]. Essas palavras fez com que eu me levantasse e eu não aceitei essas palavras dele [do médico]. Tanto é que depois eu retornei lá com Caio e provei que as palavras dele não foram palavras verdadeiras, e ele até parabenizou. Eu pensei: Essa é a resposta que eu quero final para todos que não acreditaram. Eu percebo que os profissionais não têm um "preparamento". Não sei se porque naquele momento ele também não tinha conhecimento. A gente tem que olhar todo esse contexto, porque há 16 ou 17 anos atrás não tinha mesmo informação. Mas nos dias de hoje ainda tem muitos médicos que erram também dessa maneira. [...] Não falou assim: Mãe, parabéns! Você tem um surdo! E propõe opções? Não! Não deu outras opções, tipo, tem aparelhos, ele vai fazer Libras, vamos procurar ajudar, se não tem escola, tem pessoas que estão pesquisando nessa área, não foi passado nada. Tipo assim, o problema é seu e daí pra frente é você e ele.*

Esse conhecimento teórico sobre a surdez, sobre as possibilidades de qualidade de vida dos surdos, no diagnóstico inicial, pode fazer toda a diferença no desenvolvimento cognitivo da criança surda:

> O sucesso do tratamento depende da experiência e da parceria entre diversos profissionais (pediatras, otorrinolaringologistas, fonoaudiólogos, educadores com experiência em surdez, psicopedagogos e psicólogos) e a família da criança acometida pela deficiência (VILLAR; JUNIOR, 2008, p. 103, 104).

Júlia relata seus sentimentos ao fazer o Bera, exame cujo objetivo é avaliar a integridade funcional das vias auditivas nervosas (cóclea, nervo auditivo e via auditiva central). Ela nos conta as reações vivenciadas no momento da descoberta da surdez do filho:

> *O resultado estava nos olhos da doutora [...] Caio não ouvia nada era dono de uma perda auditiva neurosensorial de 100DB [bilateral, severa profunda causada pela má formação das células] [...] Confesso que me senti anestesiada. Queria chorar, gritar, culpar alguém. A orientação era protetizar com aparelho auditivo...*

As famílias de surdos não têm um suporte necessário para lidar com a surdez. No Brasil não há programas de prevenção ou de capacitação dos profissionais de saúde envolvidos com diagnósticos e acompanhamento, muito menos centros de orientação aos familiares.

Quando falamos de prevenção, queremos nos referir à orientação da família quanto ao acompanhamento com pré-natal, à higiene adequada, os cuidados que devem ter com doenças nos aparelhos fonoarticulatórios e auditivos (gripe, inflamação de garganta, otites), má administração de medicamentos sem prescrição médica etc. Orientações que devem ser dadas com o objetivo de evitar a surdez.

Villar e Júnior (2008, p. 76, 77) classificam a prevenção em duas categorias, a primária e a secundária, mas especificam somente a primeira:

> A prevenção primária implica evitar o surgimento da doença, no caso a surdez, e envolve basicamente medidas de promoção à saúde, tais como a vacinação regular de crianças e as campanhas de vacinação em massa [...] a assistência pré-natal adequada porque pode diminuir uma série de fatores de risco [...] também a educação da população quanto aos cuidados com a saúde, à prevenção de acidentes, proteção auditiva para ruído de alta intensidade, seja no trabalho ou no cotidiano. [...] uma vez o processo já instalado a prevenção se dirige para minimizar o dano e melhorar a adaptação e, consequentemente, promover a autonomia do deficiente auditivo por meio de medidas de reabilitação, prevenção secundária e terciária. [...] Algumas crianças se beneficiarão com o uso de dispositivos auditivos, como amplificadores auditivos e implantes cocleares.

Villar e Júnior (2008) entendem que, havendo intervenção precoce de forma efetiva, a adaptação da criança surda é potencializada, repercutindo positivamente em todas as esferas da vida (social, emocional, acadêmica, cognitiva etc.).

Em todo o Brasil, as pessoas têm despertado para buscar cursos de Libras, pois as instituições públicas têm, aos poucos, cumprido a lei e ofertado esses cursos para a comunidade, mas é necessário criar grupos de apoio, centros de orientação e acompanhamento dessas famílias, que ofertem capacitações no que diz respeito às práticas interventivas no contexto de saúde, contribuindo, dessa forma, para uma preparação melhor dos profissionais e dos pais.

No fragmento a seguir, a genitora deixa transparecer seu verdadeiro interesse em buscar orientação sobre a limitação e instruções médicas para que pudesse acompanhar as possíveis dificuldades que o filho poderia ter futuramente. Observamos que, desde o início, Júlia obteve autoconfiança para conseguir lidar com seu novo desafio.

> *Não tinha dúvida, acreditei no resultado [...]. Naquele momento tudo que eu conseguia pensar era como seria o futuro do meu filho [...] Uma força gigantesca me invadiu eu saí pesquisando tudo o assunto para entender e saber o que seria da vida do meu filho. [...] O primeiro contato que eu tive com Libras foi ver os surdos conversando numa escola pública. Às vezes no ônibus eu via eles entregando papelzinho, mas assim de ver eles se comunicando, é algo assim... conversando com a Libras, em Libras, é algo que eu nunca tinha visto. Ai aquilo ali eu pensei: gente eu estou em um outro lugar. Quero aprender essa comunicação para ajudar meu filho. [...] e quando eu vi aquilo ali eu pensei: é isso ai que eu quero pro meu filho. Eu quero a Libras pro meu filho.*

Ela diz que sua autoconfiança veio justamente das imposições sociais negativas impostas ao desenvolvimento do seu filho, o que infelizmente não acontece em todas as famílias. Normalmente elas se acomodam, aceitam os diagnósticos de "vegetatividade" e seguem suas vidas subestimando as capacidades que os surdos têm:

> *A minha força vem da própria sociedade. De tantas portas que se fecharam... de tanto não acreditarem. Porque eu olho até hoje para surdo e vejo que ele não tem a palavrinha "oportunidade". Então porque hoje eu quero ajudar o surdo? Porque hoje eu valorizo a mãe que leva esse filho pra escola, e lá a professora, dentro da sala de aula, tem que fazer alguma coisa pra ele. Não é? Porque eles são rotulados sempre: Ah! Ele não consegue!! Só que o cognitivo dele é de uma criança normal. Ele vai passar pelas fases normalmente. Então está faltando o que? Trabalhar em cima disso. Está faltando! Não importa se o surdo tem 20 anos, se 30 anos, mas trabalha em cima dessa perspectiva de conseguir, pra que ele venha a realmente conseguir. [...] Gente, eu amo minha profissão. O que eu não tive há alguns anos atrás, eu quero dar pelo menos umas sementinhas pra esses surdos hoje, para essas famílias. Porque nada vem pronto. Tudo tem um processo. [...] Caio teve oportunidade, mas se você vê as mães de hoje em dia, falam: Ah! Meu filho não sabe! É só reclamação. Professor só reclama, mas o que tem sido feito por ele? Qual a maneira que você está ensinando ele? Vamos dá uma mudada? Vamos mudar o estilo? Vamos tentar de formas diferentes? Precisa capacitar esse povo. Mas onde... como?*

Ao contrário do que os profissionais sugerem, as crianças surdas são capazes e precisam ser orientadas para conseguir êxito em suas atividades. Elas não se percebem nesse estado de diferença dos outros, a não ser que a sociedade as leve a se sentirem diferentes, rejeitadas ou discriminadas, o que depende muito de como a família as encaminham nesse processo de aceitação, bem como os que as rodeiam.

No excerto a seguir, Caio explana sobre sua experiência como participante de duas culturas distintas e como se portava diante das diferenças encontradas nesses grupos, principalmente em relação à comunicação:

Ah, eu não tive dificuldade não. Pra mim foi normal essa comunicação, essa interação com as pessoas. Eu sinto que parece que foi normal... Ah! Mais ou menos. Porque antigamente eu percebia que minha família era ouvinte e parecia que eu também era ouvinte. Depois eu percebia que tinha um grupo surdo. Com minha família eu interagia de um jeito e interagia com os surdos e parecia que era igual. Eu sabia que existiam dois caminhos, existiam dois grupos, mas isso não fazia diferença na minha vida. Então eu percebi que eu era igual ouvinte, mas na minha família eu interagia e percebia que eram ouvintes, mas no momento que eu fui estudar na escola de surdo eu percebi: aqui é diferente. E vi eu tinha dois mundos, dois grupos diferentes.

Seu comportamento foi pautado nos ensinamentos que sua mãe ministrou em casa. Ela confirma nossa observação em sua fala:

Eu trabalhei em casa, com ele, que existiam os grupos de surdos e de ouvintes. Eu trabalhei bastante desde pequeno que tem dois mundos, tanto surdo como ouvinte por isso que não houve um choque uma percepção clara. Ele sempre interagiu normalmente e sempre aceitou.

Com Oliveira (1997, p. 57), acreditamos que o aprendizado é

[...] o processo pelo qual o indivíduo adquire informações, habilidades, atitudes, valores, etc., a partir de seu contato com a realidade, o meio de seu contato com a realidade, o meio ambiente, as outras pessoas. É um processo que se diferencia dos fatores inatos, [...] e dos processos de maturação do organismo, independentes da informação do ambiente (a maturação sexual, por exemplo).

Percebemos que o apoio familiar e o acompanhamento adequado fazem toda a diferença no crescimento da criança surda:

> *O apoio do meu esposo... da minha família... foi maravilhoso. Isso me deu muita força!* [...] *Minha família esteve ao meu lado e me ajudou... compreendeu meu filho.* [...] *Porque ele tinha uma vontade, ele queria aprender. Tudo que ele achava diferente ele queria. E nós demos apoio. Pra ele não teve obstáculo.* [...] *Tanto é que minha sogra cuidava dele, ele ia pra casa da minha sogra... ele é muito interativo.*

Caio também reconhece a importância do apoio da sua mãe e familiares no seu desenvolvimento:

> *Parece que antes eu era ignorante. Eu não tinha conhecimento de nada, mas aí mamãe me ensinou com paciência e ela sempre procurava um ponto de encontro em que a gente pudesse se compreender, pra que a mente se abrisse e eu pudesse compreender. Não foi fácil isso não.* [...] *Antigamente quando eu falava alguma coisa errada aí a vovó dizia que eu estava falando errado.*

São aspectos importantes também aprender a lidar com a situação, inclusive procurando aprender a LS, como dissemos anteriormente; focar o potencial do filho, e não sua limitação — *"comecei observar nele uma criança inteligente, questionadora e feliz"*, e proporcionar relacionamentos sociais saudáveis, tanto com seus pares surdos, como com os ouvintes. Esse relacionamento é o foco de nosso olhar na próxima seção.

4.2 O CONTEXTO SOCIAL E A CRIANÇA SURDA

O contexto social, por vezes, impõe barreiras ao desenvolvimento da criança com deficiência; no caso da criança surda, a maior de todas é a linguística, já que a sociedade espera características de normalidade que essa criança não possui. Assim, durante tantos anos, foi imposta a oralidade, na tentativa de "normalização" do sujeito surdo, conforme afirma Vygotsky: "Lo que decide el destino de la persona, en última instancia, no es el defecto en sí mismo, sino sus consecuencias sociales, su realización psicossocial" (1997, p. 19).

Júlia revela seu ponto de vista sobre as relações sociais quanto ao seu filho surdo:

> *Nenhum momento quis esconder meu filho. Via várias famílias tendo vergonha dos filhos surdos de ter concebido uma criança fora dos padrões considerados "normais". Com isso, muitos surdos não tinham oportunidades, ficavam isolados, gerando sérios*

> *problemas de comportamento, como nervosismo, agressividade e crises de identidade [...] Eu jamais imaginei assim que meu filho tem que ficar trancado... não...*

Essa atitude de reconhecimento de que a atitude dos familiares frente à surdez dos filhos pode gerar problemas para o desenvolvimento e comportamento parece-nos fundamental para as decisões futuras que puderam promover o desenvolvimento de Caio. Em Vygotsky (1997), encontramos:

> Por tanto, si se pregunta de dónde nacen, cómo se forman, de que modo se desarrollan los procesos superiores del pensamiento infantil, debemos responder que surgen en el proceso del desarrollo social del niño por medio de la transacción a si mismo de las formas de colaboración que el niño asimila durante la interacción con el medio social que lo rodea (p. 219).

Nesse sentido, as narrativas de Júlia demonstram a importância das relações sociais, evidenciando a forma natural de vivência do sujeito, e não sua limitação, proporcionando a interação, como fator fundamental para o desenvolvimento:

> *[...] quanto mais ele se comunicar, quanto mais ele conhecer ambientes diferentes, isso ai vai ajudar muito, porque ele vai conhecer algo novo e esse algo novo ele vai perceber que o mundo é dessa maneira.*

A grande preocupação dos familiares pelo sujeito surdo não é sobre a aceitação, mas principalmente sobre sua forma de comunicação em sociedade.

Nas relações sociais, as limitações se evidenciam, todavia é justamente nelas que o aprendizado e o desenvolvimento ocorrem. Limitar as relações sociais dos surdos, portanto, é privá-los do desenvolvimento cognitivo. A família, a escola e a sociedade, de modo geral, necessitam observar a constituição natural da criança com deficiência, buscando estratégias de concretização do desenvolvimento e da aprendizagem.

> *[...] com o passar dos meses ele se desenvolvia perfeitamente, um bebê atento com olhar fixo em tudo [...] estava explicado por que ele sempre foi tão atento e olhava fixamente [...] antes era o gesto, apontação, afixação do olhar para determinados objetos são, muitas vezes, a forma que os surdos encontram para informar o que querem são comunicação que eu não podia desprezar. Estava acontecendo com meu filho desde o seu nascimento para suprir as lacunas existentes no seu desenvolvimento.*

Mais uma vez, Júlia retoma a fala de que não queria que seu filho ficasse isolado das situações do cotidiano, tampouco que deixasse de fazer atividades próprias das crianças:

> *Ele teve condições de brincar, vamos supor na infância, ele... jamais deixei meu filho isolado das crianças. Se era na igreja, ele estava lá com as criancinhas, aprendendo a Palavra de Deus, se era na rua da minha casa, se tivesse uma festinha, ele estava lá junto. Para as famílias eu falava: o que o Vitor vai fazer? O que o Wender vai fazer? O que o Rafael vai fazer? Nada? Deixa eles virem brincar com o Caio aqui em casa? [Sorri]. Então sempre o Caio tinha alguém pra brincar. E com isso eu ai percebendo que o Caio começava se desenvolver mais do que deixar ele preso, só sair comigo e voltar.*

Ela também se preocupava em deixá-lo a par de situações do cotidiano que poderiam acontecer no decorrer do seu desenvolvimento em sociedade, temas da ordem moral, buscando preparar seu caráter e personalidade:

> *Eu tinha a preocupação de deixar o Caio junto com os maiores, porque eu percebia que os maiores não eram um bom exemplo pra ele naquele momento, porque eu via eles fumando, eles não queriam ficar dentro da escola, da sala de aula, esses surdos maiores, com 20, 19, 23 anos de idade, e eu queria que meu filho olhasse pra alguém e se espelhasse como surdo, mas ele ia encontrar essas coisas na vida, e eu explicava, aconselhava...*

As palavras de Júlia são confirmadas na "voz" do Caio quando perguntamos se, em algum momento, ele se deparou com situações de uso de drogas na escola, se percebia situações de mentira nos contextos em que convivia com surdos ou mesmo ouvintes, como ele compreende questões como ética etc.:

> *Ah! A minha mãe sempre me aconselhou. Ela sempre pediu para eu prestar atenção nas coisas boas e nas coisas ruins. Ela me ensinava o que era ruim, e que as coisas ruins podem trazer consequências ruins para o futuro e me ensinava também que as coisas boas trazem coisas boas para o futuro. Me ensinava sobre drogas, que era perigoso, que leva à morte, que leva ao roubo, por que quem vende drogas ou quem compra drogas chega a matar por conta das drogas. Eu via as informações de pessoas que eram presas por conta das drogas, e eu fui aprendendo essas coisas ai eu vi que a televisão anunciava essas coisas em jornal e tal. Sempre aprendi muito na internet informações sobre pessoas que*

> *eram presas por conta das drogas. Então, eu fui adquirindo desse conhecimento com minha mãe e na internet. Ai minha mãe me chamava às vezes quando tinha na televisão alguma coisa assim, ela me chamava e dizia para mim, me aconselhava: Olha lá, o que acontece com quem usa droga, Olha lá o acontece se você entrar nesse meio. Então, eu estava sempre alerta sobre essas coisas. Ai, ela ia me dando informação sobre o perigo da droga, ela falava pra mim das pessoas famosas que também usavam drogas... E que a droga não é uma coisa boa... e ai eu percebia que dentro da escola tinham pessoas que usam drogas, que negociavam drogas, que vendiam, que traficavam, eu via e eu lembrava o que minha mãe me ensinou que aquilo ali era perigoso, e que as drogas... que é fácil para aqueles que se utilizam das drogas acabar na cadeia.*

Ele não aprendia superficialmente esses conceitos, mas tinha uma leitura crítica desses assuntos, como podemos perceber claramente no excerto a seguir, quando perguntamos se ele se aproximava desses usuários de drogas para aconselhar ou algo parecido:

> *Nãoooo!! Essas pessoas eram adultas, eu não ia aconselhar, é impossível... Mas por exemplo, eu tinha amigo que andava junto comigo, e às vezes eu dizia para ele: Olha lá o que tá acontecendo, é perigoso a gente andar com essas pessoas, vamos nos afastar, né? Por que, por exemplo, vamos supor, que nós dois inocentes, fica andando com essas pessoas, se a polícia para essas pessoas para revistar, coisa assim eu pensava... Como que a polícia vai saber se a gente está junto ou não delas? Como que a polícia vai saber se a gente está envolvido ou não na situação, se a gente está juntos delas, se a gente usa drogas ou não, eles não querem saber, às vezes nem pergunta, então a gente precisa se afastar. Por que eu me lembrava das coisas que a minha mãe me aconselhava que precisa ter cuidado, evitar e eu fui me desenvolvendo, aprendendo essas coisas.*

Tanto Caio quanto Júlia nos contam que, além dos exemplos do dia a dia, da televisão, ela se utilizou muito da metodologia de ensino expositiva por meio de filmes, explicando que o conteúdo midiático é uma produção profissional, mas que se baseia na vida real e nas situações verídicas, bem como de jornais e das situações que se passavam próximo deles. Wallon (1986) nos adverte que "Não se pode explicar uma conduta isolando-a do meio em que ela se desenvolve (p. 369).

Caio nos contou:

Por exemplo, eu lembro também que a minha mãe, a gente assistia filme de ação, de suspense, de terror, filmes que tinham legenda eu assistia e lia, ne? Filme sobre droga, sobre tráfico, sobre morte, que tinham esse tipo de coisas dentro do filme, e ela ia me mostrando, aconselhando, ensinando...

Júlia:

Os filmes deram um apoio... É que a gente explicava a realidade e ele teve assim uma compreensão melhor porque precisava de figuras de imagens, ne? Ai ele via como que era. Hoje ele sabe que os filmes são feitos por produção, tudo certinho. Mas os filmes ajudaram muito. Tanto é que tem filmes que ele sabe identificar que é real, baseado em fatos reais. Então era o único recurso que eu tinha naquele momento de mostrar um fato tão real, ne? Que seria um vizinho que tinha uma boca de fumo, na escola que tinha aluno que também usava droga, então, sempre não fugia do contexto, sempre dentro do contexto de vida para que ele tivesse aquela compreensão, e usava também jornais que estavam ali aquele momento, mostrando que a realidade é essa não tinha como... Então eu aproveitava os erros que as pessoas erravam e mostrava para ele no concreto o que era certo para ele seguir, ne? Tanto é que o meu esposo também concordava, apoiava, para ele ter esse conhecimento, porque nem todo mundo é bonzinho, nem todo mundo... Assim eu estava trabalhando a personalidade das pessoas, o caráter das pessoas, porque para um amigo amanhã e depois fosse influenciar ele na escola, ele já tinha conhecimento do que é certo. Muitas vezes as pessoas, a família é distante nesse momento da vida de um filho, ne? Tanto é que ele falou agora nas entrevistas que ele via na televisão, ou que não tinha conhecimento que ele via muito visual, ali eu fazia questão de sentar e explicar detalhe por detalhe. Hoje a gente não percebe, mas eu percebo que muitas famílias não fazem isso, fala assim para o surdo resumido: O homem morreu com água! Mas não mostra que foi uma enchente, a cidade, que aconteceu essa tragédia, que tem tantas pessoas desabrigadas que é dentro do país, que é do Brasil. Então eu tinha essa preocupação, que ele tivesse esse conhecimento, tivesse essa visão d essa realidade. Eu estava assim formando o conhecimento dele, inclusive que se alguém fosse perguntar para ele coisas que estavam acontecendo, ele tinha como fazer uma fala sobre aquele assunto, interagir mesmo, e isso eu achava muito importante. Ele sempre teve acesso a informação, mas na minha casa até hoje não tem uma televisão. Não coloco, por que é algo que prende muito. Mais fácil informação na internet. Tanto é que em casa tem mais de 13 anos que eu tenho internet, e mesmo

> assim porque tem limite, o dia certo de usar internet, se é para a escola, o horário certo, então tudo isso ai são regras que tinham que ser respeitadas. Mas você percebe que hoje o adolescente não tem horário para dormir, não tem horário para comer, então me preocupava também em trabalhar na vida dele sobre essas regras. Os lugares onde entrar na internet, com tudo isso ai a família por mais que ela não tenha um conhecimento, seja o básico o que for, ela tem que passar essas informações para o filho por que a curiosidade vai despertar algo que outras pessoas podem estar passando essas informações para o seu filho, mas de uma maneira errada e é bem pior.

Wallon (2008) também chama atenção para a importância do meio social como circunstância necessária para o desenvolvimento saudável do sujeito: "O indivíduo é social não como resultado de circunstâncias externas, mas em virtude de uma necessidade interna" (p. 76). O autor ainda exprime que "[...] é por intermédio de relações de sociabilidade que necessariamente se abre a sua vida (da criança): elas antecedem, de longe, as relações com o mundo físico" (WALLON, 1982, p. 202).

O médico e psicólogo diz também que as pessoas envolvidas com a educação, seja a família ou a escola, devem estar a par dos acontecimentos e das mudanças sociais de sua época, assumindo uma postura consciente e ativa perante eles.

Os surdos trazem em si ferramentas de desenvolvimento e comunicação que não podem ser descartadas. Júlia relata que o olhar e a atenção aos acontecimentos contribuíam para ela entender o que se passava com o filho e ressalta que isso se dava desde o nascimento, logo não é algo ensinado ou treinado. Caio confirma isso quando nos conta da sua facilidade com as expressões faciais e corporais, no momento da comunicação, e se refere a esse evento como sendo inato e treinável, "aprendível":

> Ah, sim! As expressões faciais são naturais pra mim. Eu não me percebo fazendo expressão fácil, elas estão dentro de mim, é natural, vem de dentro. As pessoas até percebem em mim, mas eu não me percebo, é normal pra mim, fazer expressão facial. Então, por exemplo, como eu vou saber que estou fazendo expressões faciais se eu não me percebo. É como se fosse algo oculto dentro de mim, algo escondido, que eu também não tenho como deixar de fazer. Às vezes, por exemplo, tem sentimentos que eu percebo que estou fazendo as expressões faciais dos sentimentos, por exemplo, quando tenho algum sentimento que eu estou bravo, ou estou triste, então eu percebo que estou fazendo expressões faciais, mas normalmente

> é inconsciente, que eu sinto e que sai. Por exemplo, tem coisas que eu não conheço dos sentimentos, então eu pesquiso sobre o sentimento, porque têm palavras que eu ainda não conheço e que não tem sinais deles, então eu descubro o significado e pergunto pras pessoas que sentimentos são esses e como faz expressão facial dele, e treino a expressão. Então por exemplo, quando eu vou fazer música em Libras, antes eu fazia muito, eu tirava dentro de mim os sentimentos, as expressões faciais, porque eu participava de um grupo que fazia apresentações em alguns lugares e eu absorvia as expressões e treinava para que ficasse bem feito na música, e depois utilizava normalmente. Eu cresci assim, fazendo essas apresentações. Hoje eu faço expressão facial normalmente.

Vygotsky não fala desse modo de comunicação específico, mas inaugura o conceito de "compensação", que é tomado por ele na voz de Adler (1902 apud VYGOTSKY, 1989), para explicar as particularidades do desenvolvimento das crianças que possuem algum tipo de defeito orgânico ou funcional, o que é confirmado por Caio ao contar que:

> A visão nossa é importantíssima. Diferente das pessoas cegas que tem a audição como o sentido mais importante, elas ouvem tudo, pra nós não. Parece que a audição sumiu, e tudo bem. Eu trabalho a visão e eu percebo tudo através da visão. Por exemplo, na comunicação, se não tem telefone, não tenho como escrever, se não tem whatsapp, não tem como mandar mensagem, então meu olhar capta a oralização da pessoa então o mais importante é o olho.

Em Vygotsky (1989), vemos que a sociedade ressalta o "defeito" em detrimento das capacidades e propõe que o defeito não seja a limitação da criança, mas seu ponto de apoio para superação, pois, quando a sociedade age dessa forma, diminui a posição social desse sujeito, que passa a buscar adaptações para estar no meio e ser aceito como "sujeito normal". Posto isso, Vygotsky (1989) traz à tona outro conceito, o da compensação, como uma reação do organismo perante um perigo:

> Su esencia se reduce en lo siguiente: todo deterioro o acción perjudicial sobre el organismo provoca por parte de éste reacciones defensivas, mucho más enérgicas y fuertes que las necesarias para paralizar el peligro inmediato. El organismo constituye un sistema de órganos relativamente cerrado e internamente conectado, que posee una gran reserva de energía potencial y de fuerzas latentes. Actúa en los instantes de peligro como un todo único, movilizando las reservas ocultas de fuerzas acumuladas, concentrando en el lugar de

> riesgo con mayor prodigalidad las dosis mucho más grandes de antitóxico que la dosis de tóxico que lo amenaza. De tal modo, el organismo no sólo compensa el daño que se le infiere, sino que siempre está elaborando un excedente, una ventaja sobre el peligro, que lo pone en un estado más elevado de defensa del que tenía antes de la aparición del peligro (p. 42)[14].

Esse fenômeno ocorre não só no aspecto biológico, mas também pelo aspecto da personalidade do ser humano perante a deficiência, e entendemos ser esse perigo relacionado ao organismo. Já o perigo encontrado pelos deficientes está na sociedade, que não aceita "las tendencias naturales":

> Adler presto atención al hecho de que los órganos deficientes, cuyo funcionamiento se ve dificultado o perturbado a consecuencia de defectos, necesariamente entran en lucha, en conflicto con el mundo exterior, al que deben adaptarse. [...] Del mismo modo que en el caso de enfermedad o extirpación de uno de los órganos pares (riñón, pulmón), el otro miembro del par asume sus funciones y se desarrolla compensatoriamente (VYGOTSKY, 1989, p. 42)[15].

Caio exemplifica claramente como essa compensação funciona no dia a dia, nos contando que os ouvintes sempre perguntam para ele como é possível surdo dirigir sem a audição:

> *É fácil! A gente faz tudo olhando pelo retrovisor. O ouvinte dirige sem usar o retrovisor? Não, né? Então, o surdo está com atenção dobrada em todos os retrovisores, e ele tem uma visão ampla de dentro do carro, pra observar se tem carro atrás, se tem polícia atrás, se tem ambulância, se tem bombeiro. O surdo sabe olhando pelo retrovisor, principalmente. Ele não precisa usar o ouvido, ele usa a visão, tanto no carro como na moto. [...] Vou te contar uma coisa. Se o surdo está dirigindo e vem uma ambulância atrás, ele ver o retrovisor, a ambulância ou a polícia, mas o surdo não*

---

[14] "Sua essência se reduz ao seguinte: qualquer deterioração ou ação prejudicial, causadas pelo corpo são reações defensivas, muito mais enérgicas e mais forte do que o necessário para paralisar o perigo imediato. O organismo é constituído por um sistema de órgãos fechados e ligados internamente, e possui uma grande reserva potencial de energia e força latentes. Ele atua em momentos de perigo como um todo unificado, mobilizando as reservas ocultas de força acumulada, concentrando-a no local em que ocorre o risco, com probabilidade de maior dose de antitoxina do que a dose de veneno que o ameaça. Dessa forma, o corpo não só compensa o dano que lhe fere, como também produz um excedente, uma vantagem sobre os perigos, o que o põe em um estado superior de defesa que antes do aparecimento de perigo" (tradução nossa).

[15] "Adler prestou atenção ao fato de que os organismos fracos, que tem seu funcionamento ameaçado ou perturbado por consequência de defeitos, necessariamente entram em luta, em conflito com o mundo externo, ao qual deve se adaptar. [...] do mesmo modo que no caso da enfermidade ou remoção de um dos órgãos pares (rim, pulmão), o outro membro do par assume suas funções, de forma compensatória" (tradução nossa).

> sabe se esses automóveis estão só andando normalmente ou estão pedindo passagem, com barulho, porque a luz é igual. Então tem um segredo, um mistério. [ele ri] Então tem um segredo nosso. A gente olha os outros carros, se os carros estão abrindo passagem a gente abre, se eles estiverem normal eu sei que não tem barulho e os carros estão só andando normal. É fácil! Não tem dificuldade não!

No caso de crianças surdas, observamos que naturalmente superutilizam o olhar nas relações sociais; sem se perceberem como "deficientes", instintivamente compensam sua perda auditiva pela habilidade visual nas mais diversas situações do dia a dia.

> Pero cualquiera que sea el resultado que se espere del proceso de compensación siempre y bajo todas las circunstancias, el desarrollo complicado por la deficiencia constituye un proceso creador (orgánico y psicológico) de construcción y reconstrucción de la personalidad del niño sobre la base de la reorganización de todas las funciones de adaptación, de la formación de nuevos procesos, es decir superestructuradores, sustituidores y equilibradores, originados por la deficiencia, y del surgimiento de nuevas vías de rodeo para el desarrollo (VYGOTSKY, 1989, p. 7)[16].

Júlia não focou a deficiência do filho, mas valorizou seu potencial, encarando-o apenas como diferente da maioria, mas dotado de habilidades outras que o levariam a galgar caminhos não concebidos como possíveis pela sociedade:

> A limitação, penso eu, não é uma deficiência, mas uma diferença. [...] Os profissionais questionavam "não vai conseguir," às vezes eu perguntava vocês têm filhos surdos, parentes surdos, amigos surdos...? Eles sempre respondiam "não"... então, deixe eu tentar. [...] muito pelo contrário, Caio queria sempre ser como se fosse o líder. Ele que queria tomar conta da... eu que vou decidir quem vai ser primeiro... eu que vou decidir quem que vai pegar bola. Que horas que vai guardar a bola. Ele sempre colocava a regra.

Isso é confirmado por Caio, quando fala do seu modo de se portar em sociedade, de como realiza comunicação com as pessoas. Ele explicita não se sentir "deficiente" e que deve seu desenvolvimento à sua família, que acre-

---

[16] "Mas qualquer que seja o resultado que se espere do processo de compensação, sempre e em todas as circunstâncias, o desenvolvimento, complicado pela deficiência, constitui um processo gerador (orgânico e psicológico) de construção e reconstrução da personalidade da criança com base na reorganização de todas as funções de adaptação e da formação de novos processos de superestruturação, de substituição e de equilíbrio, originados pela deficiência, bem como, gerando novas vias de desenvolvimento" (tradução nossa).

ditou nele. Mediante suas palavras, percebemos que as dificuldades que ele encontra na sociedade são as mesmas com que muitos ouvintes se deparam:

 Bom! Hoje eu percebo que antigamente eu sabia o básico, as coisas muito simples, mas fui me desenvolvendo e que hoje as pessoas da sociedade usam palavras de conhecimentos mais elevados e eu não conheço, então peço ajuda a minha família para me explicar. Por exemplo, palavras do contexto advocatício, do direito. Palavras do dia a dia que eu vou descobrindo, que eu vou conhecendo. Então eu vejo a palavra e eu penso: que palavra é essa? Também as palavras que precisam do contexto para ter significado e eu não consigo identificar, ou palavras do contexto do governo, que a presidente usa. Então eu recorro à mamãe. Por exemplo, uma palavra que eu conheço, mas não sei em qual contexto está sendo utilizada, por exemplo, "manga". Em Português escreve de um jeito só, mas em Libras tem sinais diferentes, e qual sinal eu vou usar naquele momento? Então eu pergunto pra mamãe qual sinal vou usar, qual significado nesse momento. Se estou perto de alguém que não sabe Libras, eu escrevo e a pessoa me explica também escrevendo. Se eu não conseguir entender a explicação, eu guardo a palavra e pergunto em casa pra minha família ou para algum intérprete.

Mas hoje a minha vida é fácil, eu não consigo ver dificuldade na minha forma de vida, pelo apoio, sim, que a minha família me deu.

Caio também explicita momentos em que sua mãe não subestimava seus conhecimentos; pelo contrário, ela explorava suas capacidades ao máximo:

 Então ela me dava essas perguntas e eu estudava exaustivamente em todos os momentos. Estudava muito. Depois ela pegava as perguntas e misturava e a gente sorteava e ela me perguntava novamente. Ela misturava, não era na ordem não, ela sorteava e perguntava, e essa mesma pergunta ela fazia de formas diferentes. E eu pensava, raciocinava e eu respondia, se certo ou se errado ela explicava e ela também mandava eu escrever, ou eu criar novas perguntas, trocava a ordem das perguntas, a ordem das palavras e eu ia respondendo, estudava e respondia. Não foi fácil...

Vygotsky (1989) contribui para a discussão sobre a educação dos surdos — que durante muito tempo se esforçou para tornar o surdo "normal", enfocando os aspectos fisiológicos voltados à limitação, ainda hoje essa situação está latente — valorizando a surdez como característica, apreciando inclusive a cultura surda, seu modo de percepção do mundo por meio dos outros sentidos e as tecnologias criadas ao longo de sua história, entre elas a LS. Ele, inclusive, critica a filosofia oralista, mostrando que em sua época não havia avanços de grande relevância na aprendizagem dos surdos quanto ao uso desse método, por ser artificial e usar de severidade, uma vez que lhes era imposta a oralização, negando-lhes meios de estimulação que seriam mais naturais ao desenvolvimento da linguagem, ou seja, o desenvolvimento da linguagem afetiva, fruto da sua interação nas relações familiares para a LS de seu país. Da época do autor até aqui, os surdos saem da escola sem uma aprendizagem que parte do seu contexto, que lhes possibilite uma boa inserção na educação formal.

Vygotsky (1989) aborda o conceito de dialética como uma realização do sujeito de um movimento de internalização, assimilação e externalização de um determinado sistema simbólico, no qual o sujeito modifica o meio, e o meio transforma o sujeito. No momento da externalização, emergirão os símbolos que estão conectados às coisas, aos fenômenos ou às situações familiares, que tornaram significativas para o sujeito, que foram, portanto, assimiladas.

É nessa instância do desenvolvimento humano que se dá a forte influência do contexto social e o preponderante papel dos sistemas de símbolos nesse processo, revelando a proeminência da interação com o outro social, transparecendo a dinâmica da internalização e externalização destes novos sistemas simbólicos.

Assim, parece-nos importante compreender os pressupostos que sustentam a educação dos surdos — compreendida, no Brasil de hoje, como bilíngue — e refletir sobre a importância do meio social para o desenvolvimento do processo de ensino-aprendizagem.

4.3 A EDUCAÇÃO BILÍNGUE

A abordagem sócio-histórico-cultural vygotskyana trata do bilinguismo, utilizando o termo "poliglotismo" como um caminho viável para desenvolvimento da linguagem, tanto das crianças surdas como das ouvintes.

> El camino para superar las dificultades es aquí mucho más tortuoso e indirecto de lo que quisiéramos. En nuestra opinión, este camino está sugerido por el desarrollo del niño sordomudo y, en parte, del niño normal y consiste en el poliglotismo,

> es decir, en una pluralidad de las vías del desarrollo lingüístico de los niños sordo-mudos (VYGOTSKY, 1997, p. 232).[17]

O bilinguismo é uma proposta educacional de ensino, constituindo o aprendizado concomitante de duas línguas, no caso dos surdos dando prioridade ao aprendizado da LS como primeira língua e a língua oral como segunda língua, principalmente a escrita e leitura.

Para Quadros (2010, p. 28), "O Bilinguismo, entre tantas possíveis definições, pode ser considerado: o uso que as pessoas fazem de diferentes línguas (duas ou mais) em diferentes contextos sociais".

Essa modalidade de ensino linguístico possibilita ao surdo a identificação com seus pares, o que sugere um novo olhar sobre a surdez, tornando a LS uma mediadora do aprendizado da língua oral, que são as línguas por meio das quais o surdo interage no nosso país.

Nesse sentido, Quadros contribui dizendo que:

> Quando me refiro ao bilingüismo, não estou estabelecendo uma dicotomia, mas sim reconhecendo as línguas envolvidas no cotidiano dos surdos, ou seja, a Língua Brasileira de Sinais e o Português no contexto mais comum do Brasil (2000, p. 54).

Essa proposta bilíngue é contemporânea, alvo de reflexões dos profissionais que trabalham com educação de surdos, pois, além de possibilitar ao surdo aprender as duas línguas no espaço escolar, permite fazer uso das duas línguas na sociedade. Vejamos o que Júlia nos conta sobre como essa proposta entrou na vida do Caio, informalmente, em casa:

> *Então eu percebia que o adulto tinha a língua dele e meu filho ainda não tinha e não existia uma escola pra poder orientar ele. [...] Aos poucos... vamos supor. Se eu falava escola e mostrava a camiseta, a gente já aprendia o sinal "escola" [fez o sinal], e aí eu falava em Libras e oralizando: vamos pra escola e mostrava o sinal e ali automaticamente foi eliminando aqueles sinais caseiros e já foi substituindo por algo verdadeiro. Porque minha preocupação quando ele quer ir pra escola, ele mostrasse a escola que todo mundo compreendesse. Então essa era minha preocupação, que ele se comunicasse, que ele fosse pra sociedade e dentro da sociedade ele começasse a se comunicar, fosse em Libras com seus*

---

[17] "O caminho para superar as dificuldades aqui é muito mais tortuoso e transverso do que gostaríamos. Em nossa opinião, este é o caminho sugerido pelo desenvolvimento da criança surda e, em parte, da criança normal e consiste de "multilinguismo", ou seja, de uma pluralidade de formas para desenvolvimento da linguagem das crianças surdas" (tradução nossa).

> *colegas ou em Língua Portuguesa, oralizando e escrevendo, com as outras pessoas.*

Na proposta educacional do surdo, a educação bilíngue tem ganhado destaque no cenário educacional, uma vez que vem inaugurar práticas pedagógicas diferenciadas e promover mudança de paradigmas, que tem como tendência minimizar os problemas encontrados por esses sujeitos na aquisição da língua oral.

> Las investigaciones psicológicas, experimentales y clínicas, están de acuerdo en mostrar que el poliglotismo, es decir, el dominio de distintas formas de lenguaje constituye, en el estado actual de la pedagogía de sordos el medio ineludible y más fecundo para el desarrollo lingüístico y para la educación del niño sordo-mudo. En relación con esto, debe ser modificado de manera radical el criterio tradicional de la competencia y el bloqueo recíproco de las diferentes formas del lenguaje en el desarrollo del sordomudo, y planteada teórica y prácticamente la cuestión sobre su colaboración y su complejidad estructural en los diversos niveles de la enseñanza (VYGOTSKY, 1997, p. 232, 233).[18]

Júlia percebeu os aspectos diferenciais em Caio referentes à comunicação logo cedo: "[...] *as portas estavam abertas para conhecer meu filho surdo que ia apresentar uma diferença na comunicação, mas necessitava aprender um sistema de comunicação adequado as suas necessidades*".

Observa-se que ela percebeu que a linguagem do filho se diferenciaria da dos ouvintes e que a oralidade não seria exatamente adequada à sua aprendizagem e às suas relações, entretanto também lhe proporcionou a possibilidade de aprender o oralismo:

> [...] *fazia estimulação (oral)[19] duas vezes na semana [...] [...] precisava de fonoaudiologia [...] que estimulou cada som ensinando, com isto gerou frutos da convenção social, possibilitando a necessidade de compreender o Português, estava constituindo elo de interação e relações sociais.*

---

[18] "As investigações na psicologia, seja experimental ou clínica, concordam em mostrar que o 'multilinguismo', ou seja, o domínio de diferentes formas de linguagem é, na situação do surdo, inevitável e mais proveitoso para o desenvolvimento da linguagem e educação desta criança. Neste contexto, deve ser radicalmente modificada a visão tradicional da competitividade ou quando do acesso à diferentes formas de linguagem no decorrer do desenvolvimento do surdo, traçando assim, na teoria e na prática as colaborações desse aprendizado, no que diz respeito à complexidade estrutural nos diversos os níveis do seu ensino" (tradução nossa).

[19] Essa expressão diz respeito à adequação do sistema sensório-motor-oral e suas funções alteradas.

Como podemos observar no excerto, Júlia, naquele momento — como em todo tempo que acompanhou e orientou seu filho, pois concluiu seu curso de Pedagogia — mesmo sem qualquer conhecimento acadêmico sobre técnicas, didática ou metodologia, faz referência à importância do aprendizado das duas línguas para o pleno desenvolvimento do filho; é isso que procurava lhe proporcionar. Em Vygotsky (1989), encontramos:

> Esto significa que debemos utilizar en la práctica todas las posibilidades de actividad linguística del niño sordomudo, sin tratar con desprecio la mímica, sin menospreciarla ni encararla como un enemigo, comprendiendo que las diferentes formas del lenguaje pueden servir no tanto para competir con la otra, o para frenar mutuamente su desarrollo, sino como peldaños por los cuales el niño sordomudo se eleve hasta el dominio del lenguaje (p. 233)[20].

As reflexões do autor sobre o oralismo e a gestualização representam uma reorientação na educação dos surdos, uma inovação para a sua época; ainda hoje podemos considerar reflexões norteadoras para uma educação inclusiva.

Percebemos também que Júlia atentou para a importância de nomear os objetos. Ela se preocupou em não somente oralizar e ensinar uma língua visual-espacial, que ela mesma a intitula de "língua dele", como sendo realmente a língua adequada para a comunicação efetiva do surdo, mas também despertou para a importância de ele ter contato com a escrita, e fez isso antes mesmo de Caio entrar na escola:

> *Aquele momento eram as imagens que eu usava, mas ai eu já fiquei preocupada que aquelas imagens tinham nomes, porque no mundo existem letras, no mundo letrado, e eu queria que ele tivesse noção que cada imagem daquela tinha um nome, porque naquele momento eu sempre mostrava: olha o nome da mamãe, olha o nome do papai. Pra ele ver as diferenças, por mais que ele não sabia ainda escrever esses nomes, pra ele perceber que meu nome era diferente do dele. E da minha mãe, do meu esposo, então ele tinha que ter já essa percepção de que nem tudo tem os nomes iguais. Então o que fizemos? Peguei cartolina e etiquetamos todos os nomes na minha casa num momento de brincadeira. Tudo*

---

[20] "Isto significa, na prática, que devemos usar todas as possibilidades da atividade linguística da criança surda, sem desprezar a mímica, nem depreciá-la ou encará-la como inimiga, mas compreendendo que as diferentes formas de linguagem não devem servir para competição umas com as outras, ou para impedimento do desenvolvimento, mas como etapas para serem vivenciadas pela criança surda até dominar a linguagem" (tradução nossa).

> foi etiquetado nesse processo. Antes dele ir pra escola, tudo foi etiquetado. Então comecei também a mostrar as letrinhas nas historinhas que eu usava mais como visuais, tinha mais imagens, mas tinhas as frases embaixo, e ele sabia que naquele espaço existiam aquelas letras, e que essa é uma maneira de se comunicar. É uma escrita. Ele tinha acesso. Então etiquetamos todas as coisas [ênfase na fala] na minha casa, o que você possa imaginar foi etiquetado: liquidificador, batedeira... e ele foi me ajudando, auxiliando. Ele mesmo cortava, porque daí já trabalhava outra coisa né, a habilidade de cortar. E colocamos etiquetas na mesa de vidro, mesa de pau, janela, parede, caibro (minha casa não era forrado), telha... etiquetei tudo, tudo, tudo.

É imprescindível ressaltar que o aprendizado e o desenvolvimento são intrínsecos desde o nascimento. Para Vygotsky (1988), desde o primeiro dia de vida, concluindo que o aprendizado não depende, única e exclusivamente da escola, e se inicia antes mesmo do contato da criança com esse meio.

Quanto ao bilinguismo, que se inclui nesse contexto pré-escolar, é um aprendizado que possibilita comunicação e interação; para isso, as pessoas que rodeiam o surdo precisam ter conhecimento de uma ou das duas línguas que ele utiliza, principalmente no que diz respeito à habilidade do aprendizado — escrita, leitura, oralidade e leitura labial da língua oral, e realização da LS. Para Skutnabb-Kangas (1983 *apud* LIMA, 2004):

> Nos dias de hoje, o bilinguismo não é mais visto como uma passagem transitória de uma língua para outra, porém um estado permanente valorizado *per se*, qual ocorre quando dois grupos que falam línguas diferentes ou diferentes variedades de uma mesma língua entram em contato, e, com o intuito de se comunicarem, um deles tem que aprender a língua do outro (p. 79).

Júlia possibilitou ao filho ter contato com as duas línguas e suas respectivas habilidades, proporcionado seu contato com surdos na escola desde os 4 anos de idade:

> Caio começou ainda conversava com eles alguns sinais, básico, básico, básico, existi uma comunidade de crianças surdas naquele momento, ali, tudo pequeno, umas quatro pessoas, e eles interagiam. Não me importava, naquele momento, se ele saísse de casa só pra ir lá pra conversar com essas quatro crianças, eu estava feliz porque estava falando algo que ele ia sentir que era a língua dele. Ai, assim, o Caio viveu desde pequeno com a Libras, e alguém passando pra ele, e ele é muito curioso.

Proporcionou também o acesso à língua oral, o português, juntamente à Libras, desde cedo ao seu filho:

> *Eu sempre falei assim: não sei se a fonoaudiologia vai que ia conseguir um resultado esperado com Caio. Com cinco anos, praticamente, ele já estava frequente. Porque tudo era pelo saúde pública e a gente conseguia um mês e ficava um ano sem ir. Mas com cinco anos de idade ele fazia sessão uma vez por semana, frequentemente. A partir do momento que ele colocou o aparelho auditivo ele começou ter contato com fonoaudiologia e a oralizar.*

Dessa forma, quando Caio chegou à escola, sua mãe levou suas técnicas para os professores que continuaram usando a ideia da educação bilíngue com Caio. Como podemos observar nas imagens a seguir, Júlia incentivou o filho a se expressar por meio da linguagem não verbal (desenhos), da linguagem musical (criação de músicas com as palavras conhecidas e ritmos transmitidos anteriormente, o que chamamos de paródia), da linguagem poética (criava poesias a partir dos textos produzidos) e da linguagem textual ou verbal:

> *Eu trabalhava tudo no contexto, tanto é que até quando comprava um sapato, eu mostrava pra ele que o sapato era do S, que também era do sapo, o sapo da música, e cantava com ele. [Risos] Depois usava essa mesma música e colocava outras letras conforme as palavras que ele ia aprendendo nova e trabalhava também rima para poesia. Mas eu gostava ele desenhar também porque o surdo é visual. Eu procurava tudo... às vezes quando ele fazia as redações eu ia na professora e eu perguntava: professora, como que é que você está trabalhando a redação com ele? Tem como ele fazer tudo em desenho? Pra ele ter o entendimento e depois ele passar para o português? Tudo bem! Então eu arrumava, com minha imaginação, como se eu fosse professora dele, se eu fosse eu ia pedir pra ele fazer isso em desenho, pra ele ter aquela compreensão da redação, pra depois ela ensinasse.*

O procedimento desse ensinamento se dava da seguinte forma: 1- era trabalhado inicialmente partindo de histórias prontas contadas por sua mãe e posteriormente pela professora; 2- era solicitado que ele reproduzisse a história do jeito que entendeu em desenho, para que transferisse a imagem que tinha sido construída em sua mente para o papel; 3- Caio era incentivado a escrever a história conforme entendia depois de passar por essas duas primeiras fases; 4- o texto era corrigido segundo a gramática oficial da língua portuguesa, e todos os erros eram revistos com Caio para que ele reconhecesse onde errou e qual a forma certa de escrita; 5- depois da correção, era solicitado que ele produzisse uma música trabalhando rima, estrofe, quantidades de frases, de palavras etc., sobrepondo palavras em músicas as quais ele já conhecia o ritmo e a harmonia; 6- por último, também a partir dos pressupostos do ensino métrico da música, ele produzia uma poesia. Como podemos confirmar pelas imagens a seguir:

Figura 3 – Linguagem não verbal (desenho)

Fonte: desenhos de Caio em sua infância em idade não identificada

Figura 4 – Linguagem verbal ou escrita como consta na imagem (reprodução do texto)

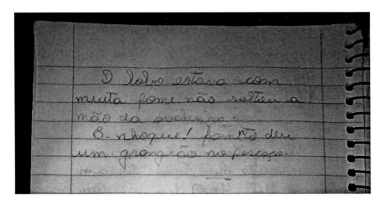

Fonte: desenhos de Caio em sua infância em idade não identificada

Figura 5 – Linguagem musical

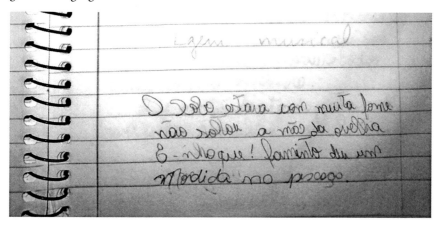

Fonte: desenhos de Caio em sua infância em idade não identificada

Figura 6 – Linguagem poética

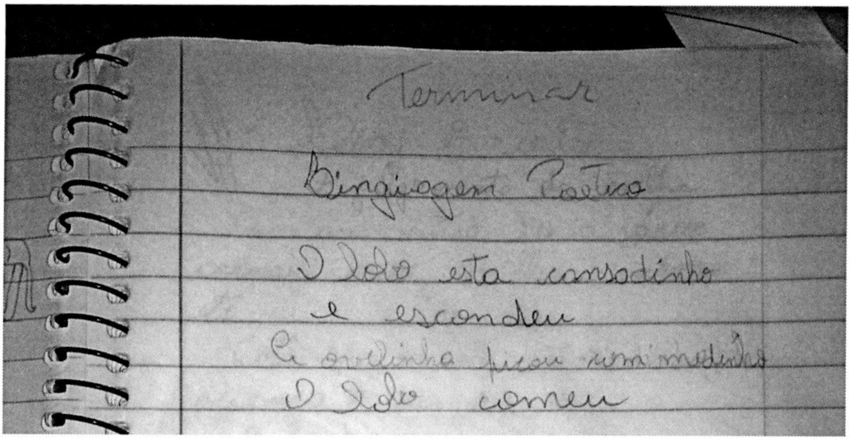

Fonte: desenhos de Caio em sua infância em idade não identificada

Vemos claramente a desenvoltura desse aluno com 12 ou 13 anos, no 6º ano da educação fundamental, em ultrapassar as barreiras e, apesar da surdez, desenvolver capacidades inerentes aos ouvintes, como no caso do trabalho com a música, o que confirma a fundamental importância do empenho da família, nesse caso especialmente da mãe, em buscar possibilidades de ensino e de comunicação:

> *Eu mostrei que as possibilidades que ele tinha e que eu tinha eu ia passar pra ele como mãe... se era aprender com fonoaudiólogo a falar, ele ia ter essa possibilidade, se tinha que fazer a Libras se conhecesse um surdo... então isso ai eu tenho minha consciência assim limpa hoje. O que eu pude fazer pra ele se comunicar com alguém, eu passei pra ele. Tanto que entre eu e ele usávamos os sinais, primeiro os caseiros e depois substituímos pela Libras. Agora, às vezes com as avós dele, minha mãe e minha sogra, alguma coisa ele falava e alguns sinais, mas faz de tudo pra que a pessoa entenda o que ele está falando.*

Segundo Brito (1986 *apud* LIMA, 2004, p. 37) "[...] o bilinguismo é a única solução para o surdo brasileiro... E o bilinguismo implica na aceitação sem restrição da LSCB - Língua de Sinais dos Centros Urbanos". Afirma ainda que:

> As línguas gestuais-visuais são a única modalidade de língua que permite aos surdos desenvolver plenamente seu potencial linguístico e, portanto, seu potencial cognitivo, oferecendo-lhes, por isso mesmo, possibilidade de libertação do real concreto e de socialização que não apresentaria defasagem em relação àquela dos ouvintes. São o meio mais eficiente de integração social do surdo (BRITO, 1986 *apud* LIMA, 2004, p. 37).

Desde a infância, Caio se comunicava por meio de todas as formas, em todas as possibilidades apresentadas; até hoje, varia sua interação linguística com seus familiares e as pessoas na sociedade. O que confirma em sua entrevista:

> *Ah! Com minha irmã usava tudo misturado, mas usa hoje mais os sinais novos porque os sinais familiares foram sumindo, diminuindo, porque vai mudando naturalmente pelos sinais da Libras. [...] Meu pai, por exemplo, ele oralizava mais do que fazia sinais caseiros, hoje, às vezes ele usa um pouquinho em língua de sinais, muito lentamente, por que eu tenho uma namorada que também é surda e nós dois usamos língua de sinais junto com minha mãe, nós três, e também alguns surdos que ele conhece então, ele teve que se esforçar para aprender um pouco, e eu incentivo pra ele aprender um sinal ou outro, porque, paciência né. Então, por exemplo, ele usa: oi, boa noite, bom dia, boa tarde, comer, e usa também muitos gestos e expressões faciais, mas usa muito comunicação oral [...].*

Essa modalidade de ensino precisa ganhar ainda mais força, para isso já existem leis que dão a garantia do direito do surdo a uma educação bilíngue na educação pública ou privada, quebrando assim os paradigmas das filosofias anteriores (oralização e comunicação total) que apresentaram falhas graves mostradas na história da educação dos surdos. Dessa maneira, é imprescindível providências no que diz respeito à capacitação dos profissionais e dos pais. Para Botelho (2005, p. 111-112):

> A educação bilíngue propõe que os processos escolares aconteçam nas escolas de surdos, obviamente não segundo o modelo clínico-terapêutico, ainda oferecido. Reconhece as intensas dificuldades e problemas do surdo em classe com estudantes ouvintes, e não há adesão às propostas de integração e de inclusão escolar.

É interessante informar que Júlia não tinha qualquer formação pedagógica; ela mesma diz que foi usando sua criatividade para dar oportunidade de Caio desenvolver capacidades diversas que serviriam para sua vida até a fase adulta. Vemos nos excertos, anterior e posterior, que ela não somente oportunizou o acesso do filho às letras, mas também o levou a refletir que os objetos que ele via eram nomeados e que são usados em lugares específicos. Vejamos como ela realizou esse trabalho tão brilhantemente:

> *Na cozinha eu colocava letras vermelhas, no quarto, letras pretas, então pra ele ter essa diferença. Então foi tão fácil depois de ele conhecer... quando foi na alfabetização, na escola estava ensinando, mas ele já tinha o contato... então ele via que liquidificador começava com L [fez sinal de L], então aquilo ali é o L da laranja, do liquidificador, então ele já tinha algo, um pré conhecimento, embora não sabia às vezes que significava aquela palavra, mas ele sabia que aquele liquidificador era pro suco, que era uma palavra grande... então ele já tinha essa contato. Tanto é que depois que ele foi alfabetizado, ele, por conta própria, eu comprei a cartolina, ele escolheu a cor, ele cortou e colocou tudo de novo as etiquetas, porque ele já teve conhecimento de que se tratava tudo aquilo. As pessoas falavam: essa menina está louca. Não é normal fazer isso ai. E eu falava: gente, eu tenho que arrumar algo pra que eu venha mostrar que meu filho tem que aprender. Eu não sei se estou certa, mas tinha que fazer alguma coisa, tinha que tentar. Eu ia usando a criatividade porque não tinha ninguém pra me orientar.*

Júlia conta ainda que todo esse processo se deu a partir dos contextos.

> *Então não foi só apresentando aquela letra na escola, mas ele já tinha conhecimento como ela era formada, como era feita ela. E eu esperei todos os espaços, as fases também. Eu jamais quis que ele aprendesse coisas além da idade dele... se está no momento de cortar, com 4 ou 5 anos, então vamos cortar, eu ensinava ele a recortar, fazer risco...*

Em Vygotsky observamos a importância do brincar no processo de ensino-aprendizagem:

> É no brinquedo que a criança aprende a agir numa esfera cognitiva, ao invés de uma esfera visual externa, dependendo das motivações e tendências internas, e não pelo dos incentivos fornecidos pelos objetos externos (1991, p. 109-110).

Em várias situações, Júlia, incessantemente, utilizou-se do brincar para ensinar seu filho a partir do contexto em que ele estava inserido, valorizando as situações caseiras e o prazer em brincar:

> *Todo dia tem algo novo na vida dele que tem que trabalhar dessa maneira. Eu pegava o que eu tinha ali na minha família naquele momento em casa, e trabalhava com ele em casa mesmo, ou, se a gente estava no centro, eu trabalhava no centro, se estávamos dentro do ônibus era lá que eu achava um jeito de ensinar para ele as coisas... eu pegava todas as oportunidades que me oferecia e trabalhava em cima dele. Hoje eu falo para as mães de surdos que em todos os lugares elas podem ensinar seus filhos, não precisa ser um momento específico só escola, porque em todos os lugares eles estão vendo [fazendo referência ao aprendizado através da visão]. Então eu percebia que tudo que o Caio se interessava, ali mesmo eu parava e ensinava a ele dentro de um contexto. Tudo! Tanto é que... ele gostava muito das cores dos carros, ele era bem pequenininho, e eu lembrei disso nesses tempos e contei pra ele: "Olha, sabe como você aprendeu a contar [fez gestos como se tivesse falando em Libras com o filho]? Ai ele falou assim [fez sinal de "não" em Libras]. Nós entrávamos no ônibus, que era quase uma hora de viagem, então você contava todos os carros brancos e os carros vermelhos eram meus"... e ai ele ia contando: um, dois, três, quatro, cinco, seis, sete, oito... então a preocupação dele era ver carros branco na rua e a minha era ver carros vermelhos. Às vezes eu não via um carro vermelho e ainda assim ele me ajudava a contar, me mostrava... aquilo ali eu já estava moldando o caráter dele, aquilo ali ele já estava se preparando para competição, se ele perdesse ou se ele não perdesse, se ele ganhasse. Todas as oportunidades que foi passando desde quando ele nasceu, eu trabalhei em cima delas. Jamais eu deixei algo na dúvida, algo pra amanhã, e assim, poderia ter um retorno melhor, mas é porque eu não tive esse conhecimento dos livros. Não tinha esse conhecimento, não tinha ninguém pra está me orientando, isso foi na luta, foi assim algo que você tem que levantar e tem que fazer, não tem como você esperar.*

Vygotsky elucida muito bem essa ideia da importância da brincadeira no aprendizado nesta citação brilhante: "As maiores aquisições de uma criança são conseguidas no brinquedo, aquisições que no futuro tornar-se-ão seu nível básico de ação real e moralidade" (1984, p. 86).

As situações de aprendizado realizadas no âmbito familiar servem como um estado prévio para o que a criança vai vivenciar no contexto escolar, facilitando seu desenvolvimento, já que ela já terá se deparado com experiências que serão relacionadas ao conteúdo ministrado na escola, como retrata Júlia ao final da sua fala:

> *Tudo isso eu trabalhava em casa com ele pra quando ele fosse na escola já ter um conhecimento prévio [...] Porque a maneira com que o professor ia trabalhar com ele eu não sabia, mas eu sabia que era mais fácil eu trabalhar em casa, pra quando o professor apresentar aquilo ali, ele já tinha um conhecimento.*

Pelos relatos, percebemos o processo em que a criança adquire não só informações, mas valores, habilidades, atitudes etc. partindo do contato com o que é concreto na realidade dela, no meio habitual de vivência, no meio ambiente e com todos que a rodeiam, ou seja, o outro. A ênfase dada por Vygotsky ao processo sócio-histórico inclui a interdependência dos sujeitos envolvidos no processo que envolve, a todo momento, o conceito interação social (OLIVEIRA, 1997).

Vygotsky (1989) ressalta ainda que a criança surda pode vir a aprender as pronúncias dos léxicos. Entretanto, terá sua aprendizagem da fala prejudicada, sem poder utilizá-la como meio de comunicação e de pensamento, por esse motivo ela passa a se utilizar do gesto de apontar e da mímica, como adverte:

> Por eso a la par con el lenguaje formado de un modo artificial, el niño utiliza con más gusto el lenguaje mímico propio para él, que cumple todas las funciones del lenguaje oral contra la mímica, a pesar de todas las buenas intenciones de los pedagogos, como regla general, siempre termina con la victoria de la mímica, no porque precisamente la mímica del punto de vista psicológico sea el lenguaje verdadero del sordomudo, ni porque la mímica sea más fácil, como dicen muchos pedagogos, sino porque la mímica es un lenguaje verdadero en toda la riqueza de su importancia funcional y la pronunciación oral de las palabras formadas artificialmente está desprovista de

> la riqueza vital y es sólo una copia sin vida del lenguaje vivo (VYGOTSKY, 1989, p. 190)[21].

Vygotsky (1989) propõe como ponto principal do desenvolvimento linguístico da criança surda a valorização da LS, recomendando estimular "la mímica"[22] como "[...] el único lenguaje mediante el cual el niño sordomudo puede asimilar una serie de principios"[23] (p. 232). Diz ainda que "Una pluralidad de las vías del desarrollo lingüístico de los niños sordomudos"[24] (VYGOTSKY, 1989, p. 232).

Como se pode observar nos excertos das narrativas, Júlia tinha clareza de seus objetivos diante das necessidades de aprendizagem de seu filho:

> [...] *transformação familiar estava acontecendo, a luta era no momento garantir que ele tivesse a língua de sinais como língua materna, no seio da família, e posteriormente, o uso da modalidade oral, além da obrigatoriedade do aprendizado da Língua Portuguesa escrita.* [...] *Mas antes dos quatro anos a gente se comunicava com nossos gestinhos caseiros, nossos mesmo. Mas eu não me acomodei com aquilo não. A minha preocupação é que ele tivesse uma língua, pois ele tinha que se comunicar com as outras pessoas, isso eu até falei com a coordenadora da escola: pelo amor de Deus, meu filho precisa ter aquisição da língua, ele precisa da língua dele, eu não posso só eu e ele viver dentro de um mundo, e a família dele.*

As crianças surdas, se estimuladas desde o nascimento, terão fluência na LS e na língua oral, principalmente em sua escrita, tendo em vista a profunda relação dialética entre linguagem e o desenvolvimento dos processos mentais, na formação da personalidade e na consequente integração do surdo.

> En el viejo sistema, el método oral era nocivo, en el nuevo puede llegar a ser fructífero. Es preciso organizar la vida

---

[21] "Assim, em comparação com a língua oral, artificialmente empregada, a criança tem maior prazer em utilizar a LS, já que ela cumpre todas as funções da linguagem oral, apesar de todas as boas intenções dos professores, geralmente, a linguagem de sinais supera a língua oral, não porque a LS, precisamente do ponto de vista psicológico seja a linguagem verdadeira do surdo, nem porque esta língua seja mais fácil pra ele, como dizem muitos professores, senão porque a LS é uma linguagem legítima, com toda riqueza operacional, diferente da língua oral que é apenas uma cópia sem vida de um idioma morto-vivo" (tradução nossa).

[22] "A mímica ou LS" (tradução nossa).

[23] "A única linguagem pela qual a criança surda pode assimilar inúmeros princípios" (tradução nossa).

[24] "Uma infinidade das vias de desenvolvimento das crianças surdas" (tradução nossa).

del niño de tal manera que el lenguaje le resulte necesario e interesante [...] (VYGOTSKY, 1989, p. 125)[25].

Vygotsky (1989) dá grande importância ao contexto em que as crianças estão inseridas como meio desenvolver suas capacidades cognitivas, linguísticas e intelectuais. Todavia, o ensino tradicional, que se observa ainda nas escolas brasileiras, tem apresentado resultados deficitários no ensino-aprendizagem das crianças, uma vez que acaba impondo a língua portuguesa sem partir dos seus conhecimentos e das práticas linguísticas adquiridas.

4.4 A INTERAÇÃO COMO FORMA DE APRENDIZAGEM

Até aqui, discorremos sobre a forma como a sociedade recebe uma criança ao descobrir sua surdez, como ocorrem as relações sociais desses sujeitos e discutimos o desenvolvimento linguístico a partir da abordagem teórica em que estamos inscritos. Nesta seção, abordaremos, de modo mais sistemático, a interação como conceito-chave para a compreensão das relações dos surdos com os signos e dos demais sujeitos. Como vimos nos relatos anteriores, ao nascer, a criança surda, pertencente a um lar ouvinte é tratada, em todos os aspectos, da mesma forma que uma criança ouvinte, inclusive no aspecto linguístico, já que, inicialmente, a família não tem conhecimento da sua limitação, e a sua interação vai ocorrendo naturalmente por meio da língua oral.

Quando se inicia a desconfiança de "algo errado", a família também, naturalmente, acaba por mudar seu modo de interagir com a criança. Depois da confirmação do diagnóstico, esses modos diversos de agir se intensificam, e a família passa a interagir basicamente a partir do ato de apontar as coisas e de gestos. Tais gestos são, na maioria das vezes, criados espontaneamente pela criança para suprir a necessidade de se comunicar: *"Em casa, utilizava 'método' de comunicação (Sinais naturais, palavras, símbolos, mímicas) permitindo que ele adquirisse uma linguagem"* (Júlia).

A criança surda, ao interagir com o meio, demonstra a necessidade de uma língua que lhe possibilite essa integração de forma a compreender o que a rodeia, atribuindo assim, significados às suas experiências. Dessa forma, seus familiares passam a adotar o "seu jeito" de se comunicar, e é

---

[25] "No antigo sistema de ensino o método oral era nocivo, no novo sistema ele pode chegar a ser eficaz. É necessário, no entanto, organizar a vida da criança, para que a linguagem seja vista por ela como necessária e interessante" (tradução nossa).

nesse contexto que surgem os sinais, denominados aqui "afetivos", sobre os quais discorreremos no próximo tópico.

Nessa perspectiva, podemos afirmar que a criança desenvolve uma linguagem na interação com seus familiares desde seu nascimento e, durante seu desenvolvimento, vai se ampliando na e pela interação com os outros. Como bem diz Vygotsky (1930),

> O aprendizado desperta vários processos internos de desenvolvimento, que são capazes de operar somente quando a criança interage com pessoas em seu ambiente e quando em cooperação com seus companheiros. Uma vez internalizados, esses processos tornam-se parte das aquisições do desenvolvimento independente da criança (p. 117-118).

Pelas narrativas de Júlia e pelo desenvolvimento de Caio, vemos que, quanto mais cedo for diagnosticado, quanto mais for proporcionado um ambiente de interação, mais o sujeito surdo terá condições de inserção social.

Podemos observar a grande preocupação de Júlia quanto à aprendizagem de seu filho e sua inserção social desde o nascimento. O excerto a seguir traz seu envolvimento com a educação formal da criança:

> Com 04 anos de idade estudava na escola municipal [...] o primeiro aluno surdo! [...] A escola precisava oferecer oportunidade de aprendizagem, pois [eu] observava que outras crianças nesta idade já frequentavam creches, escolas... Perguntei para um mãe de um surdo de São Paulo que já estava no 8º ano do ensino fundamental de escola regular. Ela disse que quanto mais cedo a criança puder conviver e interagir, melhores condições de aprendizagem e desenvolvimento ela terá. Confiei em suas palavras pois ela tinha uma bagagem de experiência.

À criança ouvinte não é imposta a aprendizagem da língua, na interação ela vive esse aprendizado como um processo natural, sem ser necessário forçar nada. Aprende a interagir e agir em sociedade mesmo que cresça sem a educação formal. Para o surdo deveria ser assim também, mas ele nasce em um mundo ouvinte que ainda não sabe lidar com as suas necessidades. Se o sujeito surdo não tiver acesso à informação visualmente, ele vai continuar leigo; se alguém não lhe disser o "nome das coisas" (em LS), ele não terá condições de aprender.

Durante o crescimento da criança surda, não apenas seus pais vão interagir com ela; os parentes, os professores, os vizinhos, os "coleguinhas" da escola também vão precisar manter uma comunicação inteligível para as partes, e os gestos naturais serão trocados pela LS usada no país, pelas palavras usadas pela língua oral ou por outros sinais criados para a interação com esses outros personagens mediante a afetividade que se cria entre eles. Ou seja, a afetividade entre surdos proporcionará a aprendizagem da Libras, a afetividade com ouvintes, a aprendizagem no seu dia a dia da língua portuguesa, evoluindo de sua língua caseira para as línguas usadas na sociedade.

A sociedade enquadra o ser humano em uma "normalidade"; de acordo com essas concepções sociais, se o sujeito não se encaixa no padrão estabelecido, não é capaz de aprender. A sociedade explicita que o surdo é incapaz de aprender a língua do país por não ter sua função auditiva intacta e por ser a língua portuguesa de modalidade oral auditiva. Logo, o problema se encontra no modo social de enxergar o surdo, não na surdez em si.

Com Vygotsky (1997), acreditamos ser necessário entender como lidar com o surdo, conhecer sua limitação, seu grau de surdez, como se dá seu desenvolvimento e não supervalorizar o aspecto da deficiência, mas o que será utilizado naturalmente por esse sujeito para compensar sua perda:

> A sociabilidade da criança é o ponto de partida de suas interações sociais com o entorno. [...] O ser humano, por sua origem e natureza, não pode nem existir nem conhecer o desenvolvimento próprio de sua espécie como uma mônada isolada: ele tem, necessariamente, seu prolongamento nos outros; tomado em si, ele não é um ser completo. Para o desenvolvimento da criança, em particular na primeira infância, os fatores mais importantes são as interações assimétricas, isto é, as interações com os adultos, portadores de todas as mensagens da cultura (IVIC; COELHO, 2010, p. 16).

Júlia descreve ainda que

> *Tinha muita paciência. [...] sempre olhava para meu filho enquanto falava, com os movimentos labiais bem definidos, para que ele pudesse compreendê-los falava naturalmente, sem alterar o tom da voz ou exceder nas articulações, evitava falar de costa ou de lado ou com a cabeça baixa, quando tinha dificuldade em entendê-lo pedia para repetir [...].*

A qualidade da interação afetiva familiar e a importância que essa dará ao desenvolvimento do surdo vai lhe proporcionar a interação com a sociedade nas fases conseguintes, seja com os pares surdos para aprender no convívio a LS, ou com os ouvintes, por meio da língua oral. Assim, é importante reforçar a ideia de que as pessoas que o rodeiam têm papel fundamental em seu aprendizado e desenvolvimento, como podemos observar nos relatos de Júlia.

4.5 A AFETIVIDADE NO PROCESSO ENSINO-APRENDIZAGEM

A questão da afetividade assumiu um papel importante a partir dos achados de Vygotsky (2000). Embora pouco evidente em seus escritos, em virtude do seu pouco tempo de pesquisas, é um relevante fator que precisa ser considerado quando se trata das questões de ensino-aprendizagem. Nas palavras do autor,

> As reações emocionais exercem uma influência essencial e absoluta em todas as formas de nosso comportamento e em todos os momentos do processo educativo. Se quisermos que os alunos recordem melhor ou exercitem mais seu pensamento, devemos fazer com que essas atividades sejam emocionalmente estimuladas. A experiência e a pesquisa têm demonstrado que um fato impregnado de emoção é recordado de forma mais sólida, firme e prolongada que um feito indiferente (VYGOTSKY, 2003, p. 121).

Henri Wallon (1959, 1968) focaliza a concepção da afetividade e a aprofunda, considerando-a relevante para o processo de aprendizagem. O autor levanta a possibilidade de os problemas desse processo muitas vezes estarem relacionados à falta da afetividade, bem como o desenvolvimento da personalidade. Esse é um tema central de seus estudos, do qual trata em várias de suas obras.

A proposta walloniana formula que o processo de desenvolvimento da criança depende tanto das predisposições biológicas, como do ambiente em que está inserida e do que ele proporciona, mas se inicia com o primeiro fator e evolui para o segundo. A afetividade está inserida na segunda etapa e é um estado subjetivo, ligado à condição de bem-estar ou mal-estar do sujeito (WALLON, 1968). Essas condições que rodeiam o sujeito levam-no a sentir-se incentivado a aprender e a progredir, ou não.

Segundo Galvão (1995, p. 61), Wallon entende que:

> As emoções, assim como os sentimentos e os desejos, são manifestações da vida afetiva. Na linguagem comum costuma-se substituir emoção por afetividade, tratando os termos como sinônimos. Todavia não o são. A afetividade é um conceito mais abrangente no qual se inserem várias manifestações.

Encontramos, nos escritos de Júlia, indicativos de afeto, tendo em vista a maneira carinhosa de tratar e se referir a Caio. A expressão "meu filho" é muito recorrente em suas narrativas, demonstrando assim o aconchego que essa criança recebeu em seu lar, independentemente da sua condição diferenciada em relação aos pais ouvintes.

Em vários momentos, encontramos no discurso de Júlia marcas da afetividade:

> *Enfim o grande dia chegou! A secretaria de educação sorteou alguns aparelhos auditivos. Caio foi comtemplado!* **Naquele momento parecia que ouvimos juntos!**

> *Lembro do primeiro som que ele ouviu dos pássaros cantando nas árvores em frente à Secretaria de Educação Especial do município.* **Parei naquele momento e o abracei.** *Pensei: o futuro do meu filho já começou e eu preciso me apressar e correr contra o tempo.*

> *Ele já estava na escola, foi estimulado na escolinha, [...] ao mesmo tempo eu queria saber como era o trabalho dessa escola pra eu colocar dentro da vida dele e da minha.*

> *O pai se comunicava pelas expressões, assim,* **pelo abraço**... *meu esposo sempre foi presente na vida do meu filho, na minha vida também...*

> *A minha mãe que praticamente cuidou da minha filha... (grande pausa e choro) ela sempre cuidou, supriu a ausência com minha filha...*

> *É algo que eu vou ter pra mim até ele chegar ao ponto de se retirar, às vezes casar, mas ele vai ser sempre meu filho.*

> *Se ele saísse de casa só pra ir lá pra conversar com essas quatro crianças, eu estava feliz porque estava falando algo que ele ia sentir que era a língua dele.*

> *Eu digo: Ah! Caio, você é muito chato. Você é professor e tem que ter paciência [sorri espontaneamente].*

Como podemos observar, a afetividade parece ter contribuído para a aprendizagem e o desenvolvimento de Caio. Nesse sentido, é importante compreender as relações da afetividade com a formação cognitiva, linguística e psíquica dos sujeitos. Em Vygotsky (2001), encontramos ainda um importante alerta.

> Quem separou desde o início o pensamento do afeto fechou definitivamente para si mesmo o caminho para a explicação

das causas do próprio pensamento, porque a análise determinista do pensamento pressupõe necessariamente a revelação dos motivos, necessidades, interesses, motivações e tendências motrizes do pensamento, que lhe orientam o movimento nesse ou naquele aspecto (p. 15-16).

O médico e psicólogo Henri Wallon (1968), em seus estudos sob o processo de desenvolvimento cognitivo do ser humano, concorda com a importância da afetividade na vida da criança desde seu nascimento e nos expõe que: "As influências afetivas que rodeiam a criança desde o berço não podem deixar de exercer uma ação determinante na sua evolução mental" (p. 149-150).

Caio demostra perceber o afeto que existe na família, principalmente da mãe, e transparece em suas palavras que seu desenvolvimento se deu por essa atitude de todos que o rodeavam:

 Às vezes, usava muitos gestos, expressões faciais, mas hoje a comunicação é normal em língua de sinais, se alguém não entender, eu oralizo. Eles têm paciência.

Porque antigamente eu percebia que minha família era ouvinte e parecia que eu também era ouvinte, porque não tinha diferença, eu não me sentia diferente.

Às vezes eu ficava triste porque minha família ouvinte e os grupos de ouvintes interagiam entre eles com mais facilidade e que eu me sentia mais à vontade com os surdos, me comunicava mais facilmente com os surdos e que com ouvintes eu encontrava algumas dificuldades de me comunicar. Mas eu entendia que o problema era só por causa do ouvido, da audição, não era problema da minha família porque cuidavam de mim.

As pessoas às vezes usam palavras de conhecimento mais elevados e eu não conheço então peço ajuda a minha família para me explicar, me explica com paciência.

Ela ia me ensinando e eu tinha muita dificuldade, de compreender, mas ela me aconselhava, ela insistia para que encontrasse esse ponto certo para que eu pudesse compreender as coisas, entender o que era falado, mas eu sinto que minha mãe me ajudou e a preocupação maior dela era que eu conseguisse, pudesse ter oportunidade.

Eu sinto dentro de mim, que minha mãe tinha o desejo de me incentivar e a gente tinha um tipo de interação.

> *Eu sinto que minha mãe me ensina, que ela é minha professora, mas ela também é minha mãe.*
>
> *Ela me aconselhou, ela me cobrou um monte de coisa, foi um tempo difícil na nossa vida, pois ela cobrava muito de mim as atividades que eu tinha dificuldades, porque ela queria que eu melhorasse sempre.*
>
> *Minha mãe então me ensinava com paciência dobrada.*
>
> *Mamãe me aconselhava. Eu pedia as coisas pra ela e ela me dizia o que era bom e o que era ruim, por que é bom e porque é ruim...*

A partir desses construtos, acreditamos que os sinais afetivos são naturalmente criados pela necessidade de interação na sua construção simbólica e que o problema se encontra no fato de os surdos ainda os manterem durante seu desenvolvimento, pois, assim como os ouvintes, os surdos precisam avançar. Como Júlia diz "[...] *ele necessita das mesmas oportunidades de qualquer criança "dita normal". É direito dele".*

Podemos observar, na fala de Caio, como se davam as criações dos sinais afetivos e sua importância:

> *Antigamente eu aprendi os sinais básicos da língua de sinais, mas usava mais os sinais familiares ou sinais caseiros. Então por exemplo, não usava o sinal de "igreja" da Libras, eu usava esse sinal aqui de igreja [mostra o sinal caseiro pra "igreja"], pois sem conhecer o sinal de "igreja" na Libras e observando nos cultos percebia que as pessoas sempre levantavam as mãos por isso eu absorvi este sinal. Então minha família toda usava esse sinal, e mamãe também absorveu este sinal... meus primos e as pessoas da família que conviviam neste contexto. Depois de conhecer o sinal de Libras de igreja, eu usava às vezes um e às vezes outro, mas mais o caseiro.*

Ele demonstra a importância da criação dos sinais afetivos para se comunicar com sua família e conta que se utilizava de todo tipo de comunicação, oral, escrita, gestos mímicas, com membros diferenciados da família. Diz ainda que usava os sinais afetivos muito mais com sua mãe, que era quem estava mais perto dele. É um dos motivos pelos quais cunhamos esse termo em substituição ao termo sinais caseiros ou domésticos, ou ainda outros utilizados por autores diversos:

Com papai eu falava muito raramente com sinais caseiros, a minha comunicação com ele era mais oralmente, até hoje. Com mamãe eu conversava com os sinais e às vezes oralmente quando a gente não tinha criado o sinal. Com as outras pessoas eu falava oralmente bem devagar para elas me entenderem, e terminava saindo um sinal ou outro. Mas com mamãe eu usava muito os sinais caseiros.

Júlia retrata claramente que os sinais afetivos são utilizados com as pessoas mais próximas da família quando nos diz em entrevista que:

[...] eu tive que abrir mão do meu trabalho, nos reunimos e decidimos que eu cuidaria do Caio... o pai só via meu filho a noite. O pai se comunicava pelas expressões faciais e corporais, assim, pelo abraço... meu esposo sempre foi presente na vida do meu filho, na minha vida também... e o Caio percebe, ele sempre foi muito esperto e ele percebe até mesmo o detalhe [...]. Então ele se comunicava com o pai na relação deles, do jeito deles... Mostrando, às vezes desenhando, de alguma forma ele se comunicava. Falando também, porque ele já estava fazendo "fono"... ele falava também. Ele se comunicava através da fala. Com o pai dele era através da fala... Tanto é que até hoje ele está aprendendo sinais aos poucos. Pra ele foi através da fala.

Podemos observar nesses excertos que mãe e filho demonstram que esses sinais foram sendo substituídos pelos sinais da Libras no decorrer de sua aprendizagem. Entretanto, aqueles familiares ou pessoas próximas que não aprendem a Libras permanecem usando os sinais afetivos, confirmando que os surdos se utilizam de códigos linguísticos diferentes dependendo do contexto em que se encontram. Vários recortes das entrevistas, tanto de Júlia quanto de Caio, destacam esse fato:

No contexto familiar, eu uso o sinal caseiro de "mamãe". Mas, por exemplo, se ela não estivesse me olhando eu também grito, eu oralizava e às vezes oralizo hoje ainda. [...]

Também alguma coisa que eu estou procurando, o sapato ou a mochila, alguma coisa que eu guardei ou que eu não sei onde eu coloquei, eu falo pra minha irmã, ela fala pra ela com sinais caseiros. [...]

Eu vou explicar, a minha família com minha mãe eu uso Libras e oralizo às vezes, mais Libras do que oralização, porque houve uma troca entre a gente, eu fui ensinando a ela a língua de sinais

> *e foi trocando os sinais caseiros pelos da Libras. Com minha irmã é tudo misturado hoje. E papai mais oralização.*
>
> *Sim, eu usava este sinal para coco e não o sinal em Libras. E ainda hoje na minha família me refiro a coco usando este sinal. [...]*
>
> *[...] por exemplo dentro da minha família eu sempre me comuniquei normal ora com Libras, ora com escrita, ora oralização e percebo que não tive dificuldade. Mas com outra parte da família, por exemplo, não tinha muita comunicação, por que eles não estavam acostumados a se comunicar comigo, então eu fazia mais a oralização e bem poucos sinais. Usava mais gestos e expressões faciais e se eles não entendessem nada eu escrevia, e dessa forma conseguimos nos entender com clareza, assim como em qualquer lugar que eu precisasse comunicar: supermercado, padaria, lanchonete e outros.*

A "linguagem afetiva" existe para todos os seres humanos. O ouvinte não só amplia sua linguagem em termos de vocabulário, como também modifica seu modo de falar, aproximando-o da fala dos adultos. Por exemplo: a criança fala "aba" para se referir à água, os pais a corrigem, ela ouve outras pessoas se referirem àquilo que se bebe como "água" e vai modificando seu modo de nomear de acordo com as interações, ao longo do tempo. O surdo não tem essa possibilidade se os pais não conhecem a língua gestual do país, e fica mais cômodo se comunicar com uma linguagem que surgiu naturalmente em casa na busca pela interação. Vygotsky (2000) afirma que é o vínculo afetivo estabelecido entre o adulto e a criança que sustenta a etapa inicial do processo de aprendizagem.

É importante refletirmos sobre a permanência da linguagem afetiva na vida dos sujeitos, sejam surdos ou ouvintes. Trazendo essa ideia para a realidade dos ouvintes, podemos recordar de palavras que usamos apenas no âmbito familiar, que criamos para dizer algo, que de tão importante, por ser afetivo e lembrar situações familiares agradáveis ou não, permaneceu. Permitam-me dar um exemplo de minha vivência para melhor compreensão, de modo que o leitor possa fazer referência às suas vivências.

Quando crianças, fomos acostumados a utilizar um produto farmacêutico chamado "Vick". Nossa mãe o aplicava em nossos pés quando a garganta estava inflamada, massageava nossas costas com ele quando estávamos com tosse, passava-o levemente em marcas de picada de mosquito etc. Porém, eu utilizava esse produto de uma forma não autorizada pelos fabricantes:

colocava uma considerável quantidade na chupeta para "saborear" o ardor da hortelã e a sensação de frescor.

Certa vez minha avó materna me deixou no quarto enquanto ia apagar o fogo de alguma comida na cozinha e, quando voltou, eu estava com a lata de Vick aberta e a chupeta enfiada na lata, tinha aproximadamente 2 anos de idade; quando vi "voinha" se aproximar observando curiosa e tentando entender o que eu estava fazendo, olhei pra ela e com ar de "desculpa", segundo ela, falei: "ik, bom, totoso".

Esse é um dos poucos episódios contado na família de contato afetivo com essa avó e que é relembrado quase todas as vezes que precisamos utilizar esse produto quando a família está reunida. Porém, não é contada a situação, é repetida a frase "ik, bom, totoso", o que, normalmente é seguido de um abraço carinhoso de "boas recordações".

Contamos essa história para suscitar na memória dos leitores situações semelhantes que aconteceram em suas famílias e que são passadas muitas vezes por gerações, sendo contadas, relembradas e sentidas.

Existe um papel fundamental da afetividade na comunicação desde o nascimento que promove o contato do bebê com o mundo, dando suporte ao início e evolução às atividades cognitivas: "As influências afetivas que rodeiam a criança desde o berço não podem deixar de exercer uma ação determinante na sua evolução mental" (WALLON, 1968, p. 149).

Confirmamos não só a permanência dos sinais afetivos como também a teoria de Wallon (1968) quanto à evolução da cognição, pela fala de Caio:

[...] eu lembro de uma história de um primo [...] às vezes ele usava muito os sinais caseiros, por exemplo, ele usa este sinal para morrer (um corte na vertical no tórax) porque quando crianças, na nossa observação, as pessoas quando morriam tinha um corte no tórax ou no peito, acho que essa ideia tinha relação com a autópsia. Depois eu aprendi que este não era o sinal certo para "morrer", mas este aqui [faz sinal "morte" na Libras]. Então eu aprendi o sinal "morrer" e ensinei a ele o sinal certo e substituímos, e daí, ele hoje mora longe de mim e fala mais sinal "morte" caseiro e lembra que eu ensinei sinal "morte" de Libras.

Ele conta, ainda, de outras pessoas da família que usam os sinais afetivos:

Hoje eu uso com meus primos os sinais caseiros principalmente com as pessoas que não convivem comigo de perto. Mas alguns sinais caseiros ficaram dentro da família: mamãe, papai, morte,

> *namorada, que ao invés de fazer o sinal da Libras, faz sinal de "beijar" pra namorada. Às vezes, usava muito gestos, expressões faciais, mas hoje a comunicação é normal em língua de sinais, se alguém não entender eu oralizo. E no trabalho, com minha mãe uso só Libras e corrijo ela se errar, e cobro que ela use direito a Libras, que sinais caseiros só em casa usa. [...]*
>
> *Antigamente a gente criava os sinais caseiros e sinais foram se diluindo, e depois fui aprendendo Libras e fomos usando os sinais novos da língua de sinais, mas alguns permaneceram. Por exemplo, como eu falei pra você, "igreja" permaneceu, "coco" permaneceu, às vezes a gente esquece "coco" caseiro e termina usando "coco" da Libras. Porque esse sinal "coco" caseiro era por causa da minha avó materna que mora em outra cidade e tem coqueiro na casa dela, sempre com muito coco, e desde eu criança ia pra casa dela e via coqueiro e eu e minha mãe inventamos esses sinais. Então falamos que o sinal "vovó coco" é o sinal dessa minha avó, e "coco" usamos para a fruta também.*

Júlia, com quem ele sempre usou com mais frequência os sinais caseiros, inclusive criou os sinais, como Caio expressa em vários fragmentos de sua fala, também relata sobre essa fase das criações de sinais e do processo de descoberta de como se comunicar com seu filho surdo:

> *São gestos caseiros né, o apontar e... a minha preocupação é que naquele momento como mãe é de ter uma comunicação como qualquer uma outra pessoa [...]. E ali naquela hora eu via que ele só apontava... nós, eu e ele, colocamos alguns sinais, entre aspas, alguns gestos né, que por exemplo, quer ir pra escola eu mostrava sempre uma camiseta e ele já sabia que tinha eu ir pra escola. E a gente foi descobrindo alguma coisa, mas a minha preocupação era que aquilo ali não ficasse naqueles gestos, eu precisava que ele se comunicasse de alguma forma com alguém, porque aquela comunicação era só eu e ele, então ele apontava, ele chamava, ele mostrava, ele me levava, aonde o objeto que ele queria, e assim a expressão também ajudou muito, que não, que sim, ajudou muito, bem no início eu usei muito a expressão facial com ele, e se comunicava assim, quando ele percebia que não era pra mexer, que era pra ir, quando ia no mercado, eu sempre estava mostrando alguma coisa, bem o básico mesmo, mas que ele tinha a compreensão do que estava sendo feito.*

A partir de todo exposto, é possível afirmar que a presença da afetividade colabora fortemente no processo de aprendizagem e desenvolvimento do sujeito, especificamente no nosso trabalho, do sujeito surdo. Os impactos positivos na subjetividade desse sujeito é um fator fundamental para as relações que se estabeleceram entre ele, a sociedade, a escola e o processo ensino-aprendizagem.

Numa perspectiva educacional, a existência da afetividade aponta resultados, sendo um dos principais determinantes da qualidade do desenvolvimento do processo de ensino-aprendizagem em sociedade.

Segundo Wallon (1959),

> [...] a constituição biológica da criança ao nascer não será a lei única do seu futuro destino. Os seus efeitos podem ser amplamente transformados pelas circunstâncias sociais da sua existência, onde a escolha individual não está ausente (p. 288).

A partir desses dados, podemos reafirmar a importância da afetividade no contexto familiar, que vem atuar como alicerce para o desenvolvimento linguístico do sujeito surdo que se encontra inserido em duas culturas distintas — a ouvinte e a surda — as quais se estabelecem em ordem de hierarquia, em que predomina uma cultura que contraria seus procedimentos linguístico. Surge nesse cenário uma linguagem proveniente da afetividade, a qual chamamos de linguagem afetiva, por nascer da afabilidade existente no contexto familiar em que a criança foi criada como base comunicacional para a linguagem que será adquirida no decorrer do seu desenvolvimento em substituição a essa forma primária, mas primordial e indispensável, de interação.

CONCLUSÃO

> *O pensamento não apenas se expressa em palavras; ele adquire existência através delas.*
>
> (Lev Semiónovich Vygotsky)

No desenvolvimento deste trabalho, tivemos a oportunidade de ampliar nosso conhecimento sobre alguns conceitos que envolvem as limitações dos sujeitos com deficiências. Focando nossos estudos na surdez, percebemos que ela, em si, não é limitante do processo de ensino-aprendizagem, mas sim o modo como a sociedade encara esse sujeito. Segundo Vygotsky (1997):

> El ciego seguirá siendo ciego y el sordo, sordo, pero dejarán de ser deficientes porque la defectividad es un concepto social [...] La ceguera en sí no hace al niño deficiente, no es una defectividad, es decir, una deficiencia, una carencia, una enfermedad. Llega a serlo sólo en ciertas condiciones sociales de existencia del ciego. Es un signo de la diferencia entre su conducta y la conducta de los otros. La educación social vencerá a la defectividad. (p. 82)[26].

Nossas reflexões, baseadas nas teorias estudadas nesta pesquisa, levam-nos a perceber as múltiplas interferências sociais, familiares, culturais e individuais no processo ensino-aprendizagem dos surdos, que podem gerar progresso ou estagnação.

Vygotsky (1997) traz à luz a importância de se focar as capacidades e potencialidades dos sujeitos com deficiência, e não suas limitações, tampouco — como se fazia em sua época e, em muitos contextos, ainda hoje — a ideia de "normalizá-los". Essa concepção diz respeito a moldar os sujeitos aos padrões ditos normais, sem que se leve em conta suas necessidades e as possibilidades de desenvolvimento reais, como ocorre na "visão clínica", que conceitua os surdos como deficientes, que devem ser "curados" ou "padronizados".

---

[26] "O cego continuará sendo cego, e o surdo continuará sendo surdo, mas deixarão de ser deficientes, porque a deficiência é um conceito social [...] A cegueira em si não faz da criança deficiente, não é um defeito ou uma deficiência, ou uma carência, ou ainda uma enfermidade. Chega a ser somente em algumas condições sociais de existência do cego. É um signo de diferença entre sua conduta e a conduta dos outros. A educação social vencerá a deficiência" (tradução nossa).

O autor reforça que esse modo de tratar os sujeitos deveria ter sido superado desde a sua época, uma vez que ele concebia a deficiência, não em termos de diminuição quantitativa de funções físicas, "mas de uma organização qualitativa diversa" (ROJO, 2010, p. 30).

Ao observar as interações entre Júlia e seu filho, percebemos a importância de sua percepção quando as capacidades de seu filho apenas como um ser diferente, e não deficiente, e como aproveitou a afetividade para a superação dessa criança, culminando no sucesso alcançado.

Assim, buscamos responder nossa primeira pergunta de pesquisa: de que forma as interações podem influenciar o aprendizado e o desenvolvimento de um sujeito surdo?

Os dados nos mostraram que as interações são fatores que contribuíram para o desenvolvimento do sujeito de nossa investigação e que levam em conta o histórico de vida, os vínculos afetivos, a superação, o reconhecimento das capacidades sobreposto à deficiência e, principalmente, a dedicação da família.

Reconhecemos um profundo empenho empregado, sobretudo da mãe, em utilizar todas as suas forças e recursos metodológicos possíveis, mesmo que desconhecidos na teoria, para "facilitar" a interação de Caio com o mundo (ouvinte e surdo). É necessário chamarmos atenção para o termo "facilitar", uma vez que Vygotsky (1984, 1991) afirma que a interação é um processo contínuo, incessante e natural, logo involuntário. Dessa forma, Júlia não somente provê a aprendizagem, mas também facilita esse processo pela mediação do contato de seu filho com o meio social.

Essa mãe, comprometida com o desenvolvimento do seu filho, proporcionou essa interação pelo contato de Caio com outros sujeitos em todos os âmbitos da sociedade, aproveitando as experiências vividas no seu dia a dia, por exemplo, por meio de brincadeiras que aproveitem o contexto, do seu encontro com crianças ouvintes da vizinhança, ou da sua participação numa escola de surdos em idade anterior à permitida por lei, apenas para lhe permitir contato direto com seus pares surdos. Também com suas orientações aos familiares mais distantes sobre quais ferramentas linguísticas utilizar na comunicação. Júlia ainda buscou intermediar a relação de Caio com o mundo exterior quando sinalizou em língua portuguesa todos os objetos dentro de sua casa, facilitando, mais uma vez, a interação com o mundo simbólico, levando-o ainda a reconhecer o campo da escrita.

A relevância dada pela família à comunicação e, em especial, ao uso da Libras, denota a preocupação e o apoio. Pudemos observar a importância de a criança surda não somente aprender a língua oral vivenciada no país e sua escrita, mas também focar a cultura do surdo, que traz em seu cerne a sua língua de uso natural desde o nascimento: a LS.

Neste trabalho, defendemos a linguagem de sinais inicial, a qual nomeamos *linguagem afetiva*, como um dos primeiros passos para o desenvolvimento da linguagem dos sujeitos surdos. Essa, desenvolvida naturalmente no seio da família para interação entre surdos e ouvintes, pode contribuir fortemente para o uso posterior da LS padronizada. Entretanto, em alguns contextos, esses contatos são negligenciados. Esperamos poder contribuir para as reflexões acerca dessa fase tão importante do aprendizado da linguagem

Para falar dos sinais afetivos e da sua importância, nos apoiamos na teoria de afetividade dos autores Lewin Vygotsky (2000, 2001, 2003) e Henry Wallon (1959, 1993, 1994), o que nos auxiliou a responder a segunda pergunta do nosso trabalho: a afetividade nas relações familiares da criança surda pode influenciar o seu desenvolvimento?

Encontramos suporte para a resposta nos dados fornecidos por Caio e Júlia, em narrativas e entrevistas registradas em vídeo gravado em Libras, respectivamente.

Em todas as falas de Júlia, percebemos seu empenho em envolver Caio numa atmosfera confortável de aprendizagem. Desde seu nascimento, mesmo sem ter sido planejada, essa criança foi envolvida em tanto carinho, atenção e cuidados que permitiu, ao contrário de inúmeras famílias ouvintes que recebem uma criança surda em seu núcleo e têm sua condição revelada tardiamente, a descoberta precoce da deficiência. Assim, seu diagnóstico foi providenciado com a urgência necessária para lhe dar condições de acompanhar os níveis normais de aprendizagem.

Com o diagnóstico médico e terapêutico da surdez concluído, imediatamente Júlia buscou subsídios emocionais, intelectuais e linguísticos palpáveis para dar suporte ao filho, que, a partir de então, se tornou concretamente participante de duas culturas diferentes. Assim, mesmo sem pesquisas teóricas ou ferramentas pedagógicas de trabalho, essa mãe começou por utilizar dois únicos instrumentos motivadores para vislumbrar a superação das possíveis dificuldades que Caio pudesse enfrentar: a disposição e o desafio. Para empregar tais instrumentos, ela se apropriou da maior de todas as contribuições: a afetividade.

Vygostsky e Wallon associaram a cognição à afetividade, uma vez que defendem que ela se faz presente em todas as etapas da vida do sujeito; seu início se dá com seus primeiros interlocutores, seus familiares, vizinhos, professores, colegas de escola etc.

Ambos interpretam esse elemento, indispensável ao aprendizado, como uma concepção que se inicia no setor biológico e ganha complexidade conforme o sujeito se desenvolve imerso na sociedade e, consequentemente, na cultura à qual pertence, passando a agir na ordem do simbólico, alargando e complexificando seu modo de atuação nos contextos. Ainda reforçam o caráter social da afetividade e do papel fundamental dessa em conjunto à inteligência no processo do desenvolvimento humano.

A relação de afetividade estabelecida por Júlia com seu filho, bem como o modo natural com que ela intermedeia a relação dele com seus familiares e outros, reafirma a conjectura apontada pelos autores supracitados, que é o vínculo afetivo estabelecido entre o adulto e a criança que sustenta a etapa inicial do processo de aprendizagem.

A experiência estudada neste estudo de caso, quanto aos métodos utilizados por Júlia para instruir seu filho a uma vida completa em sociedade, leva-nos a refletir sobre os fatores concernentes ao processo ensino-aprendizagem utilizados pelas instituições educacionais espalhadas pelo Brasil.

O tema "bilinguismo" tem sido fortemente evocado, na sociedade brasileira, pela comunidade surda, que já compreendeu as propostas que os autores abordam nesta pesquisa conferindo aos sujeitos surdos a capacidade de aprendizagem concernente a qualquer ser humano.

Dessa forma, é nosso desejo ter a oportunidade de sugerir, em trabalhos posteriores, a reestruturação da educação dos sujeitos surdos no nosso país, desde a preparação dos profissionais médicos e terapeutas — os primeiros a terem contatos da evidência de surdez desse sujeito, portanto os que deveriam primeiramente colaborar para a orientação dos pais ouvintes que se deparam com uma situação jamais esperada e se encontram em circunstância conflituosa —, até os profissionais inseridos no âmbito educacional que não só devem compreender como se dá a cognição e o desenvolvimento dos surdos, mas também ser capacitados a utilizar novas técnicas e metodologias pedagógicas que comprovadamente tiveram resultados satisfatórios, assim como as citadas neste trabalho.

Destacamos a importância do desenvolvimento de pesquisas que revelem êxito no ensino-aprendizagem e colaborem para extinguir os rótulos que os sujeitos surdos carregam por gerações, como "incapazes" e "improdutíveis", quando percebemos claramente, neste estudo de caso, que a interação, associada à afetividade, resulta no sucesso do processo de ensino-aprendizagem e desenvolvimentos satisfatórios à superação do surdo em sociedade.

Nada mais justo do que encerramos esta fase significativa do nosso caminhar acadêmico trazendo a última fala de Júlia, que desperta em nós o anseio de realização contínua pelo e para o surdo:

> *Sou imensamente grata a Deus por me dar a oportunidade de ser mãe de dois filhos especiais! Desejo toda sorte do mundo às mamães e seus filhos! Sejam felizes e orgulhosas, pois somos escolhidas para compartilharmos de dias lindos, vivenciando as conquistas dos nossos filhos. Fomos escolhidas por Deus!*

REFERÊNCIAS

ALBRES, N. A. **História da Língua Brasileira de Sinais em Campo Grande – MS**. Petrópolis: Arara Azul, 2005.

ALMEIDA, M. E. B. de. **Informática e Formação de professores**. Brasília: Ministério da Educação, 2000.

ASSOCIAÇÃO BRASILEIRA DE NORMAS TÉCNICAS. **ABNT NBR 9050**: Acessibilidade e edificações, mobiliário, espaços e equipamentos urbanos. 2. ed. Rio de Janeiro: ABNT, 2004.

BARROCO, S. M. S. **A Educação Especial do novo homem soviético e a Psicologia de L. S. Vygotsky**: implicações e contribuições para a Psicologia e a Educação atuais. 2007. Tese (Doutorado em Educação Escolar) – Universidade Estadual Paulista "Júlio de Mesquita Filho", Araraquara, 2007.

BARTHES, R. **Análise estrutural da narrativa**. Petrópolis: Vozes, 1976.

BEHARES, L. E. Aquisição de Linguagem e Interações Mãe-Ouvinte criança surda. **Caderno de Estudos Linguísticos**, Campinas, n. 33, jul./dez. 1997.

BEHARES, L. E.; PELUSO, L. A Língua Materna dos Surdos. **Revista Espaço**, Rio de Janeiro, 1997.

BENJAMIN, W. **Magia e técnica, arte e política**: ensaios sobre literatura e história da cultura. Tradução de Sérgio Paulo Rouanet. 7. ed. São Paulo: Brasiliense, 1994.

BOTELHO, P. **Linguagem e letramento na educação dos surdos** – Ideologias e práticas pedagógicas. 1. ed., 2. Reimpr. Belo Horizonte: Autêntica, 2005.

BRASIL. **Decreto N° 3.298, de 20 de dezembro de 1999**. Regulamenta a Lei no 7.853, de 24 de outubro de 1989, dispõe sobre a Política Nacional para a Integração da Pessoa Portadora de Deficiência, consolida as normas de proteção, e dá outras providências. Brasília, DF: Presidência da República, 1999.

BRASIL. **Decreto Nº 5.296, de 2 de dezembro de 2004**. Regulamenta a Lei Nº 10.048, de 08 de novembro de 2000, e a Lei Nº 10.098, de 19 de dezembro de 2000. Brasília, DF: Presidência da República, 2004.

BRASIL. **Decreto Nº 5.626, de 22 de dezembro de 2005**. Regulamenta a Lei nº 10.436, de 24 de abril de 2002. Brasília, DF: Presidência da República, 2005.

BRASIL. **Decreto Nº 914, de 6 de setembro de 1993.** Institui a Política Nacional para a Integração da Pessoa Portadora de Deficiência, e dá outras providências. Brasília, DF: Presidência da República, 1993.

BRASIL. **Lei Nº 10.098, de 19 de dezembro de 2000.** Estabelece normas gerais e critérios básicos para a promoção da acessibilidade das pessoas portadoras de deficiência ou com mobilidade reduzida, e dá outras providências. Brasília, DF: Presidência da República, 2000.

BRASIL. **Lei Nº 10.172, de 9 de janeiro de 2001.** Plano Nacional de Educação (PNE). Brasília, DF: Presidência da República, 2001.

BRASIL. **Lei Nº 10.436, de 24 de abril de 2002.** Dispõe sobre a Língua Brasileira de Sinais – Libras e dá outras providências. Brasília, DF: Presidência da República, 2002.

BRASIL. **Lei Nº 10.845, de 5 de março de 2004.** Institui o Programa de Complementação ao Atendimento Educacional Especializado às Pessoas Portadoras de Deficiência, e dá outras providências. Brasília, DF: Presidência da República, 2004.

BRASIL. **Lei Nº 12.796, de 4 de abril de 2013.** Altera a Lei nº 9.394, de 20 de dezembro de 1996, que estabelece as diretrizes e bases da educação nacional, para dispor sobre a formação dos profissionais da educação e dar outras providências. Brasília, DF: Presidência da República, 2013. Disponível em: http://www.planalto.gov.br/ccivil_03/_ Ato2011-2014/2013/Lei/L12796.htm Acesso em: 20 jun. 2014.

BRASIL. **Lei Nº 7.853, de 24 de outubro de 1989.** Dispõe sobre o apoio às pessoas portadoras de deficiência, sua integração social, sobre a Coordenadoria Nacional para Integração da Pessoa Portadora de Deficiência, institui a tutela jurisdicional de interesses coletivos ou difusos dessas pessoas, disciplina a atuação do Ministério Público, define crimes, e dá outras providências. Brasília, DF: Presidência da República, 1989.

BRASIL. **Lei Nº 9.394, de 20 de dezembro de 1996.** Estabelece as Diretrizes e Bases da Educação Nacional. Brasília, DF: Presidência da República, 1996.

BRASIL. **Lei Nº. 8.213, de 24 de julho de 1991.** Dispõe sobre os planos de benefícios da Previdência Social e dá outras providências. Brasília, DF: Presidência da República, [1998].

BRASIL. Ministério da Educação. **Diretrizes Básicas para Ação do Centro Nacional de Educação Especial.** Brasília, DF: MEC: CENESP, 1974.

BRASIL. Ministério da Educação. **Plano Nacional de Educação**. Brasília, DF: MEC, 2001.

BRASIL. Ministério da Educação. **Política Nacional de Educação Especial**. Brasília, DF: MEC: SEESP, 1994.

BRASIL. Ministério da Educação. **Programa Nacional de apoio à Educação dos Surdos, Ensino de Língua Portuguesa para surdos, caminho para a prática pedagógica**. Volume I e II. Brasília, DF: MEC, 2004.

BRASIL. **Política Nacional de Educação Especial na Perspectiva da Educação Inclusiva**. Documento elaborado pelo Grupo de Trabalho nomeado pela Portaria Ministerial nº 555, de 5 de junho de 2007, prorrogada pela Portaria nº 948, de 09 de outubro de 2007. Brasília, DF: MEC: SEESP, 2008. Disponível em: http://portal.mec.gov.br/seesp/arquivos/pdf/politica.pdf. Acesso em: 12 mar. 2014.

BRITO, L. F. **Língua Brasileira de Sinais-Libras**. Série Atualidades Pedagógicas, n. 4, Secretaria de Educação Especial. Brasília: SEESP, 1997.

BRITO, L. F. **Integração social & educação de surdos**. Rio de Janeiro: Babel, 1993.

BRUNER, J. **Atos de signiﬁcação**. Porto Alegre: Artes Médicas, 1997.

BRUST, J. C. M. **A prática da Neurociência**: das sinapses aos sintomas. Rio de Janeiro: Reichmann & Affonso Editora, 2000.

CAGLIARI, L. C. **Alfabetização & Linguística**. São Paulo: Editora Scipione, 1990.

CARVALHO, P. V. O Abade de L'Épée no Século XXI. *In*: JORNADAS DA LGP: LÍNGUA, ENSINO, INTERPRETAÇÃO, 1., 2012, Coimbra. **Anais** [...]. Coimbra: Escola Superior de Educação de Coimbra, 2012.

CHIZZOTTI, A. **Pesquisa em ciências humanas e sociais**. São Paulo: Cortez, 2003.

CLANDININ, J. **Narrative and story in practice and research**. New York: Teachers College Press, 2000.

CLANDININ, J.; CONNELLY, F. M. Stories of experience and narrative inquiry. **Educational Researcher**, [S. l.], v. 19, n. 5, 1990.

COELHO, O.; CABRAL, E.; GOMES, M. do C. Formação de surdos: ao encontro da legitimidade perdida. **Educação, Sociedade e Culturas**, Porto, n. 22, p. 153-181, 2004.

COUTO, C. G. **Professor**: o início da Prática Profissional. 1998. Tese (Doutorado em Educação) – Universidade de Lisboa, Lisboa, 1998.

COUTO, H. H. A questão da gramaticalização nos estudos crioulos. Boletim, Londrina, v. 36, p. 53-84, 1999. Disponível em: www.unb.br/il/liv/crioul/artig.htm. Acesso em: 3 ago. 2014.

DALCIN, G. Um estranho no ninho: um estudo psicanalítico sobre a constituição da subjetividade do sujeito surdo. *In*: QUADROS, R. M. (org.). **Estudos Surdos I**. Petrópolis: Arara Azul, 2006.

DALFOVO, M. S.; LANA, R. A.; SILVEIRA, A. Métodos quantitativos e qualitativos: um resgate teórico. **Revista Interdisciplinar Científica Aplicada**, Blumenau, v. 2, n. 4, Sem II. 2008.

DI DONATO, A.; COELHO, E. C.; CARVALHEIRA, G. M. G. A produção escrita de surdos e sua relação com a língua brasileira de sinais. *In*: SIMPÓSIO INTERNACIONAL DO NÚCLEO INTERDISCIPLINAR DE ESTUDOS DA LINGUAGEM, 1., 2010 Recife, 2010. **Anais eletrônicos** [...]. Disponível em: http://niel-ufrpe.com.br/imagens/anais - SINIEL 2010. Acesso em: 17 dez. 2014.

FELIPE, T. A. **LIBRAS em contexto**: curso básico. Brasília: MEC: SEESP, 2001.

FERNANDES, E. **Problemas linguísticos e cognitivos do surdo**. Rio de Janeiro: Agir, 1990.

FERNANDES, E.; CORREIA, C. Bilinguismo e Surdez: A evolução dos conceitos no domínio da linguagem. *In*: FERNANDES, E. (org.). **Surdez e Bilinguismo**. Porto Alegre: Mediação, 2005.

GALVÃO, I. **Henri Wallon**: Uma concepção dialética do desenvolvimento infantil. 5. ed. Petrópolis: Vozes, 1995.

GARGIULO, T. L. **The strategic use of stories in organizational communication and learning**. New York: M. E. Shape, 2005.

GESSER, A. **LIBRAS? Que língua é essa?**: Crenças e preconceitos em torno da língua de sinais e da realidade surda. São Paulo: Parábola, 2009.

GESSER, A. **Um olho no professor e outro na** caneta: ouvintes aprendendo a Língua Brasileira de Sinais. 2006. Tese (Doutorado em Linguística Aplicada) – Universidade Estadual de Campinas, Campinas, 2006.

GIL, A. C. **Métodos e Técnicas de Pesquisa Social**. 5. ed. São Paulo: Atlas, 1999.

GIL, A. C. **Métodos e Técnicas de Pesquisa Social**. 6. ed. São Paulo: Atlas, 2008.

GIL, A. C. **Métodos e Técnicas de Pesquisa Social**. São Paulo: Atlas, 1995.

GÓES, M. C. R. **Linguagem, surdez e educação**. Campinas: Autores Associados, 1996.

GOLDFELD, M. **A criança surda**: linguagem e cognição numa perspectiva sóciointeracionista. São Paulo: Plexus Editora, 1997.

GUARINELLO, A. C. **O papel do outro na escrita de sujeitos surdos**. São Paulo, 2007.

HAWKINS, L.; BRAWNER, J. Help Kids Hear-communication strategies. **Help Kids Hear**, 1997. Disponível em: www.Helpkidshear.org. Acesso em: dez. 2009.

HONORA, M.; FRIZANCO, M. L. E. **Livro Ilustrado de Língua Brasileira de Sinais**: desvendando a comunicação usada pelas pessoas com surdez. II Título. São Paulo: Ciranda Cultural, 2009.

INSTITUTO BRASILEIRO DE GEOGRAFIA E ESTATÍSTICA. **Censo 2010**, [2023]. Rio de Janeiro, IBGE, 2010. Disponível em: http://www.censo2010.ibge.gov.br/. Acesso em: 20 jul. 2014.

IVIC, I.; COELHO E. P. (org.). **Lev Semiónovich Vygotsky**. Recife: Fundação Joaquim Nabuco: Massangana, 2010.

KRAMER, S. **Histórias de professores**: leitura, escrita e pesquisa em educação. São Paulo: Ática, 1998.

LANE, H. **A máscara da benevolência**. A comunidade surda amordaçada. Coleção: Horizontes pedagógicos. Lisboa: Instituto Piaget - divisão editorial, 1984.

LEVY, C. C. A. C.; SIMONETTI, P. **O surdo em si maior**. São Paulo: Roca, 1999.

LIMA, M. S. C. Algumas considerações sobre o ensino de Português para surdos na escola inclusiva. **Revista Eletrônica de Divulgação Científica em Língua Portuguesa, Linguística e Literatura**, [S. l.], ano 3, n. 5, 2. sem. 2006.

LIMA, M. S. C. **Surdez, bilingüismo e inclusão**: entre o dito, o pretendido e o feito. 2004. Tese (Doutorado em Linguística Aplicada) – Universidade Estadual de Campinas, Campinas, 2004.

LUNDBERG, I.; FROST, J.; PETERSEN, O. Effects of an extensive program for stimulating phonological awareness in preschool children. **Reading Research Quarterly**, [S. l.], v. 23, 1988.

MARQUESIN, D. F. B.; PASSOS, L. F. Narrativa como objeto de estudo: aportes teóricos. **Revista Múltiplas Leituras**, v. 2, n. 2, p. 219-237, jul./dez. 2009. Disponível em https://www.metodista.br/revistas/revistas-metodista/index.php/ML/article/viewFile/1450/1475. Acesso em: 20 jul. 2014.

McCLEARY, L.; VIOTTI, E. Língua e gesto em línguas sinalizadas. **Veredas Online - Atemática**, [S. l.], v. 1, 2011.

MORAES, A. A. de A. [1999]. **Histórias de leitura em narrativas de professoras**: uma alternativa de formação. Manaus: Ed. da Universidade do Amazonas, 2000.

NADER, J. M. V. **Aquisição tardia de uma língua e seus efeitos sobre o desenvolvimento cognitivo dos surdos**. 2011. Dissertação (Mestrado em Linguística) – Universidade Estadual de Campinas, Campinas, 2011.

OLIVEIRA. M. K. de. **Vygotsky**: aprendizado e desenvolvimento, um processo sócio histórico. 4. ed. São Paulo: Scipione, 1997.

OLIVEIRA, H. M.; SEGURADO, M. I.; PONTE, J. P. Tarefas de investigação em matemática: Histórias da sala de aula. *In* ABRANTES, P.; PONTE, J. P.; FONSECA, H.; BRUNHEIRA, L. (Eds.). **Investigações matemáticas na aula e no currículo**. Lisboa: Projecto MPT e APM, 1999. p. 189-206.

ORGANIZAÇÃO DAS NAÇÕES UNIDAS. **Convenção sobre os Direitos da Criança**. [S. l.: s. n.], 1989. Disponível em: http://www.onu-brasil.org.br/doc_crianca.php. Acesso em: 22 jan. 2014.

PADDEN, C.; HUMPHRIES T. **Deaf in America**: voices from a culture. London: Harvard University Press, 1999.

PEREIRA, M. C. C. Aquisição da língua portuguesa por aprendizes surdos. *In*: SEMINÁRIO DESAFIOS PARA O PRÓXIMO MILÊNIO, 1., 2000, Rio de Janeiro: **Anais** […]. Rio de Janeiro: INES, 2000.

PEREIRA, M. C. C. **Interação e construção do sistema gestual em crianças deficientes auditivas, filhas de pais ouvintes**. 1989. Tese (Doutorado em Linguística) – Universidade Estadual de Campinas, Campinas, 1989.

PERELLO, J.; TORTOSA, F. **Sordomudez**. Barcelona: Científico-Médica. 1978.

PERIER O.; ALEGRIA J.; BUYSE M.; D'ALIMONTE G.; GILSON D.; SERNI-CLAES W. Consequences of auditory deprivation in animals and humans. **Acta Otolaryngologica** (Stoc-kholm), [S. l.], Suppl. 411, 1984.

PERLIN, G. T. T. Identidades surdas. *In*: SKLIAR, C. (org.). **A surdez**: um olhar sobre as diferenças. Porto Alegre: Mediação, 1998.

PORCARI L. D. G.; VOLTERRA V. **Passato e presente**: uno sguardo sul'educazione dei Sordi in Italia. Napoli: Gnocchi, 1995.

QUADROS, R. M. de. **Alfabetização e o ensino da língua de sinais**. 3. ed. Canoas: Textura, 2000.

QUADROS, R. M. **Educação de Surdos: A Aquisição da Linguagem**. Porto Alegre: Artes Médicas, 1997.

QUADROS, R. M. O 'BI' em bilingüismo na educação de surdos. *In*: FERNANDES, E. (org.). **Surdez e bilinguismo**. Porto Alegre: Mediação, 2010.

QUADROS, R. M.; SCHMIEDT, M. L. P. **Ideias para ensinar português para alunos surdos**. Brasília: MEC/SEESP, 2006 .

RAPIN, I. Conductive hearing loss: effects on children's language and scholastic skills: a review of the literature. **Annals of Otology Rhinology and laryngology**, [S. l.], Suppl. 60, n. 88, 1979.

REILY, L. O papel da igreja nos primórdios da educação dos surdos. **Revista Brasileira de Educação**, Rio de Janeiro, v. 12, n. 35, 2007.

RESENDE, A. P. C.; VITAL F. M. P. (org.). **A Convenção sobre os Direitos das Pessoas com Deficiência** – Versão Comentada. Brasília: Secretaria Especial dos Direitos Humanos, 2008.

ROCHA, S. M. da. **Antíteses, díades, dicotomias no jogo entre memória e o pagamento presentes nas narrativas da história da educação de surdos**: um olhar para o Instituto Nacional de Educação de Surdos (1856/1961) PUC- RJ, 2009.

ROCHA, S. M da. História do INES. **INES**, [2023]. Disponível em: http://www2.ines.gov.br/institucional/Paginas/historiadoines.aspx. Acesso em: 10 jun. 2014.

RODRIGO, J. **Estudo de caso**: fundamentação teórica. TRT 18ª Região – Tribunal Regional do Trabalho / Analista Judiciário – Área Administrativa. Brasília, DF: Vestcon LTDA., 2008. Disponível em: http://www.vestcon.com.br/ft/3116.pdf. Acesso em: 23 jun. 2014.

RODRIGUES, N. Organização Neural da Linguagem. *In*: MOURA, M. C.; LODI, A. C. B.; PEREIRA, M. C. da C. (ed.). **Língua de Sinais e Educação do Surdo**. v. 3. São Paulo: Tec Art, 1993. (Série de neuropsicologia).

ROJO, R. **Falando ao pé da letra**: a constituição da narrativa e do letramento. São Paulo: EDUC; Campinas: Mercado de Letras, 2010.

ROSA, F. S; GOES, A. M.; KARNOPP, L. B. Estudos surdos: uma abordagem lingüística. **Revista de Iniciação Científica da ULBRA**, [S. l.], n. 3, 2004.

SÁ, N. R. L. **Educação de surdos**: a caminho do bilinguismo. Niterói: Eduff, 1999.

SACKS, O. **Vendo vozes**: uma viagem ao mundo dos surdos. Tradução: Laura Teixeira Motta. São Paulo: Companhia das Letras, 2010.

SILVA, I. R. **A representação do surdo na escola e na família**: entre a representação da diferença e da "deficiência". 2005. Tese (Doutorado em Linguística Aplicada) – Universidade Estadual de Campinas, Campinas 2005.

SILVA, I. R. Quando ele fica bravo, o português sai direitinho; fora disso a gente não entende nada: o contexto multilíngue da surdez e o (re)conhecimento das línguas no seu entorno. *In*: MAHER, T. M. **Trabalho de Linguística Aplicada**, Campinas, v. 47, n. 2, p. 393-407, jul./dez. 2008. Disponível em: https://periodicos.sbu.unicamp.br/ojs/index.php/tla/article/view/8645161. Acesso em: fev. 2014.

SIMMONS, A. **The story factor**. Cambridge: Basic Books, 2001.

SKLIAR, C. B. (org.). **Educação & exclusão** – abordagens socioantropológicas em Educação Especial. Porto Alegre: Mediação, 1997.

SKLIAR, C. B. Abordagens socioantropológicas em educação especial. *In*: SKLIAR, C. (org.). **Educação & exclusão**: abordagens socioantropológicas em educação especial. Porto Alegre: Mediação, 2000.

SKLIAR, C. B. **Atualidade da educação bilíngue para surdos**: interfaces entre pedagogia e lingüística. 2. ed. Porto Alegre: Mediação, 1999.

SKLIAR, C. B. Os Estudos Surdos em educação: problematizando a Normalidade. *In*: SKLIAR, C. B. **A surdez um olhar sobre as diferenças**. Porto Alegre: Mediação, 1998.

SKLIAR, C. B. [1997]. Uma perspectiva sócio-histórica sobre a psicologia e a educação dos surdos. *In*: SKLIAR, C. (org.). **Educação e Exclusão**. Porto Alegre: Mediação, 2004.

SOUZA, E. C. **O conhecimento de si**: Estágio e narrativas de formação de professores. Rio de Janeiro: DP&A, Salvador, BA: UNEB, 2006.

SOUZA, R. B.; SEGALA, R. R. A perspectiva social na emergência das Línguas de Sinais: a noção de comunidade de fala e idioleto segundo o modelo teórico laboviano. *In*: QUADROS, R. M.; STUMPF, M. R. (org.). **Estudos Surdos IV**. Petrópolis: Arara Azul, 2009.

STOKOE JR., W. C. **Sign language structure**: an outline of the visual communication systems of the American deaf. Silver Spring: Linstok Press, 1960.

TASSONI, C. M. **Afetividade e aprendizagem**: a relação do professor e aluno. São Paulo: Loyola, 2000.

TERVOORT, B. T. Esoteric symbolism in the communication behavior of young deaf children. **American Annals of the Deaf**, [*S. l.*], 1961.

TOMASELLO, M. **Origens culturais da aquisição do conhecimento humano**. Tradução de Claudia Berliner. São Paulo: Martins Fontes, 2003.

VELOSO, E.; MAIA FILHO, V. **Aprenda Libras com eficiência e rapidez**. v. 1. Curitiba: Mãos Sinais, 2009.

VILHALVA, S. **Mapeamento das línguas de sinais emergentes**: um estudo sobre as comunidades lingüísticas indígenas de Mato Grosso do Sul. 2009. Dissertação (Mestrado em Linguística) – Universidade Federal de Santa Catarina, Florianópolis, 2009.

VILLAR, M. A. M.; JUNIOR, J. C. L. **Aspectos biológicos da deficiência auditiva**. Rio de Janeiro: Editora da Unirio, 2008.

VYGOTSKY, L. S. [1930]. Implicações educacionais. *In*: COLE, M.; JOHN-STEINER, V.; SCRIBNER, S.; SOBERMAN, E. (org.). [1978]. **A Formação Social da Mente**: o desenvolvimento dos Processos Psicológicos Superiores: São Paulo: Martins Fontes, 1998a.

VYGOTSKY, L. S. **A construção do pensamento e da linguagem**. São Paulo: Martins Fontes, 2000.

VYGOTSKY, L. S. **A construção do pensamento e da linguagem**. Tradução: Paulo Bezerra. São Paulo: Martins Fontes, 2001.

VYGOTSKY, L. S. **A formação Social da Mente**. São Paulo: Martins Fontes, 1984.

VYGOTSKY, L. S. **A transformação socialista do homem**. URSS: Varnitso, 1930. Tradução de Marxists Internet Archive. Disponível em: http//:www.marxistts.org/. Acesso em: fev. 2014.

VYGOTSKY, L. S. **O desenvolvimento psicológico na infância**. São Paulo: Martins Fontes, 1998b.

VYGOTSKY, L. S. **Obras Completas – Tomo V**. Fundamentos de Defectologia. Ciudad de La Habana: Editorial Pueblo Educación, 1989.

VYGOTSKY, L. S. **Obras Escogidas**. Tomo III. Madrid: Visor, 1983.

VYGOTSKY, L. S. **Obras Escogidas. V – Fundamentos de defectología**. Tradução: Julio Guillermo Blank. Madrid: Visor, 1997.

VYGOTSKY, L. S. **Pensamento e Linguagem**. São Paulo: Martins Fontes, 1993.

VYGOTSKY, L. S. **Psicologia pedagógica**. Porto Alegre: Artmed, 2003.

WALLON, H. **A evolução psicológica da criança**. Lisboa: Edições 70, 1968.

WALLON, H. Les milieux, les groupes et la psychogenèse de l'enfant. Enfance. Tome 12. Paris, v. 3-4, p. 287-296, mai./oct. 1959.

YIN, R. K. **Estudo de caso**: planejamento e métodos. 3. ed. Porto Alegre: Bookman, 2005.